情商高不高，
开口就知道

李世强◎编著

花山文艺出版社

河北·石家庄

图书在版编目（CIP）数据

情商高不高，开口就知道 / 李世强编著. —— 石家庄：
花山文艺出版社，2019.9
ISBN 978-7-5511-4896-2

Ⅰ.①情…　Ⅱ.①李…　Ⅲ.①口才学－通俗读物
Ⅳ.①H019-49

中国版本图书馆CIP数据核字（2019）第185874号

书　　名：情商高不高，开口就知道
编　　著：李世强

责任编辑：林艳辉
责任校对：李　伟
美术编辑：胡彤亮
封面设计：刘红刚
出版发行：花山文艺出版社（邮政编码：050061）
　　　　　　（河北省石家庄市友谊北大街330号）
销售热线：0311-88643221/29/31/32/26
传　　真：0311-88643225
印　　刷：清淞永业（天津）印刷有限公司
经　　销：新华书店
开　　本：880mm×1230mm　1/32
印　　张：8
字　　数：200千字
版　　次：2019年9月第1版
　　　　　　2019年9月第1次印刷
书　　号：ISBN 978-7-5511-4896-2
定　　价：39.80元

前　言

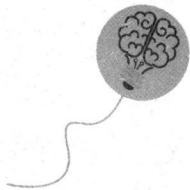

　　在很长的一段时间中，人们一直以为成功靠的是智商，认为一个人的智商越高，他取得的成就也就越大。但后来，人们慢慢发现，有的人智力超群，从小被称为神童。长大之后生活却十分艰难，与社会格格不入。这给人们造成了很大困扰，甚至产生一个很大的疑问——真的是智商越高成就越大吗？直到 20 世纪 90 年代，美国哈佛大学的心理学家丹尼尔·戈尔曼提出了一个新的概念：一个人的成功与否，不仅在于智商，更在于情商。他把成功分成了两个方面，20% 的智商 +80% 的情商。从此，情商第一次正式进入人们的视野中，越来越多的人也对此表示认同：一个人的成功，情商比智商更重要。

　　随着几十年的发展，越来越多的人认识到了情商的重要性，情商的本质到底是什么，什么样的人算是情商高，什么样的人又算是情商低呢？情商其实相对于智商来说，它更抽象化，它主要是一种自我的情绪管理、交际中的情感处理、在遇到困难时的应对之道……而一个高情商的人，无论在何时何地，遇到任何事情，都能够做到控制自己的情绪，而不是成为情绪的奴隶；与人沟通时，从不会强迫对方接受自己的想法，而是会找到一个说话方式让对方主动接受自己的思想；当对方感到愤怒或有分歧时，能够用理性而合理的方式化解分歧，缓和对方情绪；当他们在遇到不公、挫折、困难时，不会去抱怨，更不会自暴自弃，而是会以一种积极的心态面对这些问题，并相信自己一定能克服困难，相信明天一定会更加美好。

现在，大多数人都认同情商的重要性，但还是不知道如何提高自己的情商。例如，还是无法管理好情绪，做事情容易冲动，虽然事后会非常后悔；沟通时总是喜欢争辩，不把对方辩倒誓不罢休，但晚上冷静想来，发现争辩的意义并不是很大；说话总是带刺，以讽刺对方为乐，当对方真正生气了，又后悔莫及……在我们的生活中，这种低情商的行为时时刻刻都在发生，虽然事后都会后悔，但这样的情况却又重复发生。这时，可能有人会说，我天生就情商低，这是没有办法的事。这是一个错误的认知。情商是在后天培养中不断提高的，只要通过系统的学习，每个人都能成为高情商的人。

本书从各个场景、各种场合，详细地剖析了情商的功能，通过深入浅出的案例生动地描述了情商在生活中所起到的作用。相信每一位读者都能够从本书中获得一点启迪，也相信本书对读者提高情商会有一定的功效。最后，衷心希望每一位读者，无论是在生活还是工作中，都能成为一个高情商的人，通过高情商在职场如鱼得水、步步高升，在生活中幸福美满，成就完美的人生。

目 录

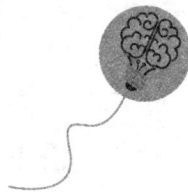

Part 1

高情商的人，
总是离幸福最近的人

认清自己的优势，在不断提升中迈向成功

现在的社会充满了各种各样的选择和机会。而情商高的人总能看到各种机会，并认清自己的优势所在，合理运用自身的能力，掌握自己的命运。情商高的人无论从何时、何处起步，都有可能沿着自己所选择的目标攀上事业的巅峰。情商高的人在执行自己的目标时，能够学会并实践自我管理、自我发展、自我规划，把自己放在能对组织和社会做出最大贡献的位置上，在漫长的职业生涯中始终保持着自控力、警觉和付出，认清自己的优势，不断修正并坚定自己的发展道路。

李莉莉从小就会说话，喜欢与人打交道。所有的亲戚朋友都夸她，说她情商高，以后一定是当外交家的材料。李莉莉的父母也是这么认为的，所以当大学报考志愿的时候，父母就帮李莉莉选择了北京某外国语学院，然后选择了意大利语这门小语种。因为意大利语是小语种，所以李莉莉以后竞争的压力较小。李莉莉选择听从了父母的建议。

但她上大学后，发现自己根本不喜欢意大利语，这门语言学得很差，而且也没有积极性。同时，她也发现，她并不是很喜欢当什么外交家，这都是在亲戚朋友们不断地夸奖下，让她产生的错觉。

于是，她在父母不知情的情况下偷偷换了自己的专业，改学工商管理。她发现，她对于做生意很感兴趣。当毕业后，父母发现她换了专业，而且也没去报考外交部门的岗位时，又气愤又伤心。

李莉莉开导她的父母，说："我自己了解自己的优势，也了解自己的兴趣爱好。如果把我放在我不喜欢的行业中，我不会成为出类拔萃的那一个，只会是最为平庸的那个。现在我选择了我最喜欢的行业，而且大家也一直说，我很擅长与人打交道。在这个行业中，同样是与人打交道，我相信在我现在的领域，我会做得更好！"

父母没办法，只能听从了李莉莉的意见。没想到，李莉莉真是做这行的料，她从售楼的销售干起，因为她会说、爱笑、有亲和力，没两年就成了公司的销售冠军，不到5年的时间，进入了管理层，成为公司最年轻的高管。

李莉莉就是能够发现自己的优势，通过学习，把优势逐渐放大，最后在事业上迈向辉煌的。

经验说明，情商高的人能用最适合自己的方式，做自己最擅长的事，最终走向成功。许多人只知道自己不擅长什么，只是了解自己的缺陷，而对于自己擅长什么并不是很清楚，更谈不上利用自己的所长了。因此，人们想要提高情商，走向成功，首先需要对自己有一个深刻的认识。不能了解自己的人，就谈不上自我发展。

下面列出的几个问题有助于我们提高情商并认清自我：我的

长处是什么？我是如何工作的？我的价值观是什么？我属于何处？我该做出什么贡献？

要发现自己的长处，并不是一朝一夕能做到的，有一个有效的途径，那就是回馈分析法：每当你做出重要决定或采取重要行动的时候，都可以事先记录下自己对这个任务的结果的预期，也就是你的预定目标，一定周期后，将实际取得的结果与自己预期的目标进行比较。

每个人的长处都具有独一无二而且基本稳定的特点，工作方式也是如此，这通常与人在成熟后稳定的性格和行事风格有关，虽然可能经得起略微调整，但不可能完全改变，因为这是根植于人的习惯中的，不可能轻易动摇。

你认为什么才是有价值的？自己的价值观是自我控制中最后必须要确定的问题。个人的价值观应该与组织的价值观一致，即便不能完全契合，也应该是求同存异的，否则人们工作起来就会觉得难以从心出发，压力会增大，工作时会感到非常疲惫，这样的状态下自然也就拿不出工作成绩。

在人们了解自己的长处、习惯的工作方式和价值观后，就能够认知自己应该从事什么工作，并确定自己应该为团队、组织和整个社会做出什么贡献。此外，我们还要认识到同事、合作者、下属等身边的共事者通常与我们具有不同的长处、工作方式、处事习惯和价值观，想做好自己的工作，就要事先与他们进行有效沟通。

优势能够发展，劣势能够改变。具备职业化思维方式的人，必须懂得利用这一点来挖掘自身的潜力。

我们在确立自己的工作目标时，应当结合自身实际情况，以自己的最大优势为辅弼，以最可能获得成功的方式，确立最可能实现的目标，让工作和付出最具成效。相反，一旦选择错误，就要多走不少弯路，即使比他人花费更多的力气，比他人付出更多时间，也可能无法达成目标，更有可能距离目标越来越远。这就是"事半功倍"和"事倍功半"的区别。

大多数人觉得没有发挥自己专长最直接的原因正是很多人错误地认为：只要通过学习，每个人都可以胜任任何职务，每个人的弱点就是他最有潜力的地方。

每个人其实都是特别的，拥有的才能是独特的，优点才是自己成长空间最大的地方。有一些成功的人士之所以能够成功，不是因为他改正了自己的缺点，而是他无限放大了自身的优点。只有懂得发现自身优势的人才能不断改进自己，提升自己，最终让优势成为天赋。

高情商的人，从不会在一条道上走到黑

如果一块地不适合种麦子，可以试试种豆子；如果也不适合种豆子，那就试着种玉米。也就是说，一块地总有适合它的种子。但是，如果你非得坚持种麦子的话，那么收成可能差强人意，甚至颗粒无收。

为人处世也是一样。那些高情商的人，他们如果发现此路不通，一定会选择彼路，而非一条道走到黑。年轻人更应该懂得换个角度思考问题，那样就算遇到山穷水尽，也会柳暗花明！

表弟从小就顽皮，不爱学习，成绩很不好，这让家人和老师都非常头疼。小姨和小姨夫一直望子成龙，希望表弟能考上名校。可是高考后，不要说重点大学了，就是好的专科学校他都没考上。

小姨他们两口子很不甘心，要求表弟复读，还给他报了补习班，但他最终还是没考上理想中的大学。

再次失败之后，表弟想明白了，他觉得上大学这条路或许真的不适合他，条条大路通罗马，自己为什么非得去跟别人挤独木桥呢？

于是，表弟劝服了爸妈，只身一人去了深圳闯荡。一段时间后，因为性格积极、开朗，表弟赢得了公司领导和同事的认可。等他慢慢地有了一些积蓄后，自己开始做起了小生意。

当那些上完大学的同学还在为找工作而犯愁时，表弟已经在深圳站稳了脚跟，交了首付，买了房子，也算是过上了安稳的生活。

有时，坚持未必就能赢得成功，迎难而上也未必会柳暗花明。表弟如果一直坚持考大学，那么就算他考上了，他也未必生活得开心。而转变方向后，他却凭自己的优势闯荡出了他想要过的生活。

其实，方向不对，所有的努力都将白费，而无谓的坚持甚至很可能导致南辕北辙，让自己离成功越来越远。所以，年轻人不要盲目地埋头苦干，时不时地还要看看自己所走的路到底对不对。进入社会变成职场人士后更是如此，工作、交友等都不要钻牛角尖——有时转个弯，走另一条路，结果往往会更好。

有个美国女孩叫艾米尔，她最初想当一名医生，但是医学院学费很贵，当时她家里没钱，她只得选择当一名药剂师。后来，她协助一名顶尖的皮肤科医生工作——这名医生是专门研究化妆品过敏症状的。

工作几年以后，艾米尔积累了丰富的经验，但是她没有继续钻研皮肤科，而是在自家厨房里发明了世界上第一只不会留下唇印的口红。后来，她为自己发明的口红注册了品牌，并一度占领了四分之一的市场份额。

艾米尔之所以能成功，是因为她知道想要在众多技术高超的皮肤科医生之中脱颖而出实在太难了，而通过当医生助理积攒的经验，发明不留唇印的口红却让她快速地收获了名利。

刚工作的年轻人，可能会遇到与艾米尔类似的经历。所以，你一定要弄清楚自己到底想要什么，然后再找一条适合自己的路。

很多时候，我们要学会放弃错误的坚持，不要因为一棵歪脖树而失去整片森林。换一条路走，是新生的开始。

把亏吃在明处，让对方永存感激之情

年轻人一般都是爱憎分明，遇到吃亏的情况，要么会厉声反对，要么会为了息事宁人而默默承受。

事实上，这两种方法都有弊端。前一种可能会影响人际关系，有时候吃吃小亏也无妨；而后一种则往往是哑巴吃黄连——有苦说不出，并且时间长了，还会被人当成软柿子任意揉捏。

那么，一般高情商的人会如何处理呢？他们会把亏吃在明处，要让对方知道，让他瞎子吃汤圆——心里有数。然后要争取补偿，在暗处得利。

小时候住农村的时候，有一件事情让我印象很深刻。

那时，每家都有一个竹篱笆的院子。有一天，我看到邻居偷偷把我们两家中间的竹篱笆往我家这边挪了挪。

我很生气，回去就告诉了爷爷。我以为爷爷会过去跟邻居据理力争，没想到他听完后，只是淡淡地说了声"知道了"。等第二天的时候，我看到爷爷走到竹篱笆前，把它又往我家这边挪了挪。这样，邻居家的院子就更大了。

我不懂，就问爷爷为什么这么做。他笑了笑，没有回答我，然后抽着旱烟遛弯去了。

等到邻居干完活回来，我从屋里偷偷观察，发现邻居愣愣地盯着竹篱笆看了一会儿。然后，他把竹篱笆慢慢挪回了原处，还又往他们家那边挪了挪。

当年我看不懂这里面的门道，现在想起来，我觉得爷爷是一个情商高的人。

有时你主动吃亏，对方心里自然就觉得亏欠了你，之后就会想方设法地偿还你。所以，吃亏在暗处就白吃了，至少你要让别人知道，你吃亏首先是为了对方考虑。

英国哈利斯公司的总经理彼得有一次从食品报告单上发现，他们生产的某种食品的配方中，起保鲜作用的添加剂里面含有害物质。虽然这种有害物质不会危及人们的生命，但是如果长期食用也会损害身体健康。而对公司来说，如果不用添加剂又会影响食品的保鲜效果，继而影响公司的销售。

彼得权衡利弊之后，最终做出决定：为了公司的长远利益，暂时吃一下亏。于是，他毅然通过媒体把真相告知了顾客。

和彼得预想的一样，他在做出这项举措之后，他本人和公司都承受了巨大的压力。食品的销售量锐减了不说，那些从事食品加工的老板也都联合了起来，指责彼得别有用心，并一起抵制哈利斯公司的产品。

内忧外患之下，哈利斯公司一下子到了倒闭的边缘。但值得庆幸的是，此时哈利斯公司已经家喻户晓了。

皇天不负有心人，在苦苦挣扎了四年之后，英国政府相关部门终于站出来支持哈利斯公司。哈利斯公司的产品成了人们放心购买的热门商品，并且有感于彼得替大家利益着想的这一做法，人们更加支持彼得了。

就这样，彼得用了很短的时间就恢复了元气，而且公司较之前的规模扩大了两倍，一举坐上了英国食品加工业的第一把交椅。

彼得就是一个高情商的人，他选择吃亏是明智的，而把亏吃在明处更是明智之举，这样人们在领受了他的"恩德"后，一有机会马上就会想着报答他。正因为这样，他的公司在后来才得以迅速地恢复元气，并且比以前发展得更好。

年轻人刚进入社会，吃点小亏不是坏事，但一定要把亏吃在明处——这样，别人才能知道你的付出，进而报答你，让你在暗中得利。此时，"吃亏"是做人的一种气度，做事的一种谋略。

情商高的人，一定是一个会看"眼色"的人

眼睛是人们用来传达信息的重要的器官之一，因为一个人心里想什么，十之八九都可以通过他的眼神表现出来，就连孟子也曾说过："存乎人者，莫良于眸子。眸子不能掩其恶，胸中正，则眸子了焉；胸中不正，则眸子眊焉。"

秦朝时，赵高想要陷害李斯，于是就对李斯说了秦二世的种种不好，并劝李斯进谏秦二世。他随即还跟李斯约定，秦二世一有闲暇，他便会第一时间通知李斯。有一天，李斯应赵高之约进宫，时值秦二世正与姬妾取乐，他看见李斯进来扫了自己的兴，心中极为不爽。而李斯却毫不知情，依然要进谏。秦二世只好当面敷衍李斯，等他一走，就说他不识时务，偏偏选择自己跟姬妾行乐的时候来进谏。这就为李斯遭遇杀身之祸埋下了隐患。

我们不要认为"看眼色行事"不好，其实，眼色是人类的另一种语言。在人际交往中，情商高的人就懂得看人眼色，通过眼色了解对方内心的真实想法。但是，想要通过眼神探知别人的内心活动，就要具备准确的判断能力和敏锐的观察力。因为，眼神的变化相当快，一定要把握好每一个细节。

情商高的人不仅会看人眼色，还知道在某些特定场合里什么

话不能说，什么话能说以及怎么说。我们一定要顾及时机、场合、对方的心情等客观因素，这才是真正的会看眼色。

有一个人特别喜欢讲笑话，有一次参加朋友的婚礼时，他在婚礼上大谈自己的见闻，大家因此被逗得哈哈大笑。

谁曾料到，心血来潮的他偏偏讲起一个新郎杀死新娘的故事。不过，他还没把故事说完，新郎和新娘都生气了，他却毫不自知，还在滔滔不绝地说着。

最后，新郎委婉地问他是否喝多了，如果喝多了就早点回去。他这才意识到自己说错了话。

有些人在人际交往中不注意看人眼色行事，遇事往往只从个人主观感觉出发，心里想什么嘴上就说什么——他们说话不分时机和场合，结果就在无意间得罪了别人。

张霖是我以前的同事，他为人处世总能让人觉得舒服，所以人缘特别好。在公司干了四五年后，他就辞职转行开起了饭店，有时候我们这些老同事也会去他的饭店吃饭。他平时不怎么去饭店，只有朋友过来，他才会过去打声招呼。

有一次，我们几个老同事去他的饭店吃饭，给他打电话让他过来聚聚，可在说包间号时，我说错了一个数。等他到饭店时，直接去了说好的包间，刚一推开门就发现走错了。因为包间里的客人已经结账走了，一个二十岁出头的服务生正在吃客人没吃完的菜。

服务生没想到张霖会进来，整个人都愣住了。

张霖本来想走，可看到服务生尴尬的表情，扭头对门外的服务生说："帮我拿双筷子，菜直接倒了多浪费。"说完，他就坐到服务生旁边，和他一起在包间吃了顿剩菜。

那天以后，那个服务生工作更卖力了，现在他已经是餐厅的领班，张霖也很欣赏他。

情商高的人在看人眼色行事的时候，总会注意场合，并时时在头脑中绷紧这根弦——这样才能讨得对方的欢心，也会让自己说话、办事更顺利。

提高情商，迈向自己的辉煌

"情商之父"丹尼尔·戈尔曼认为，情商是真正的人类智能评判的标准，它主宰人生好坏的 80%，而智商最多只能决定人生好坏的 20 %。所以，情商才是真正的与个人的未来和幸福紧密相关的因素。于是，提升情商已经成为当代人的一种必修课。提高情商，等于提升生命质量，它是一种比智商更具有价值，更能使人具有魅力的力量，它能使人获得人生快乐、生活幸福、家庭和谐、事业有成。这里，我们首先要搞清楚一个问题，生命质量的好坏与占有物质的多寡没有直接的关系。也就是说，富有的人生命质量不一定就高；一无所有者，生命质量并非就低。

现实生活中，多数人缺乏的不是智商，不是知识，而是情商，是一种自我控制和体察别人的能力。其实，人与人之间的这种能力并无明显的先天差别，而是与后天的培养息息相关。高情商者，最明显的特点就是能够做"自己情绪的主人"，不被外物所控制和影响，有明确的人生目标，有正确的人生价值观，能促使人生向良好的方向发展。

我们都得到过肯定、赏识和激励，而伤害、打击、藐视和折磨是让我们印象最深刻的。人们对那些打击过自己的人心存怨恨，对帮助过自己的人心怀感激，这是人之常情。但情商高的人总是懂得反过来想：若不是那些打击和折磨，怎能让我们看清自己身上的不足之处，使我们成长起来呢？

郑道常说，他是在别人的嘲笑声中成长起来的。中学时，他根本没有多少心思用在学习上，日子过得浑浑噩噩，这样的生活一直延续到高三那年。有一天，两个成绩很好的同学在一起讨论着他们的未来和要报考的大学，这时郑道也凑了过去说出自己理想中的大学。那个学校，就连班里学习成绩最好的同学都是望尘莫及的，其中一个同学给了郑道一个不屑的眼神，还挖苦讽刺道："人啊，还是现实点好。"郑道的脸一下子涨得通红，他发誓，一定要考上那所大学，让他们看看自己是不是在做白日梦。

下定了决心，郑道就把自己埋进了书堆里，恶补落下的功课。奋斗了一年后，郑道的成绩大幅度提升，可是他不甘心屈就于一所普通大学，倔强的他坚持复读了一年，考上了当初他理想中的那所大学。

2005年，大学毕业后的郑道只身前往深圳寻求发展，一个小学同学初中毕业就去了深圳学技术，当时每月已经能拿到6000多元。同学的父亲在村里到处炫耀他儿子是全村最会挣钱的。郑道刚到深圳找到的工作不太如意，那个同学的父亲跑到郑道家里去，跟郑道的父母说他在深圳找不到好工作，大学毕业生还不如初中生会挣钱，书都白读了。郑道接到父亲饱含忧虑的电话，心里十分难过。他暗下决心，一定要混出个样子来，超过那个同学。

3年后，郑道在一家大公司担任经理一职，工资收入早已超过了那个同学，并且有了自己开办公司的念头。办好了离职手续，几个同事为他摆送行宴，席间大家喝了不少酒，也对他说了不少祝福的话。酒过三巡，郑道出去接了个电话，回来时却听到原来的上司在屋里大声说："你们看着吧，郑道看上去好像很自信，我看他是太自负了。他才在这行做了多久？就想单干。就他这样的，弄出个小工作室，能和我们这个老牌公司比吗？从无到有创立一个公司，哪有那么容易。我也不是看不起他，他的那个公司办不办得起来还不一定，就算办起来，能撑上几个月，就算是他运气好了。"

没有资金、场所、帮手、经验，为了将公司创起来，郑道不知付出了多少汗水，经历了多少挫折，才招揽到几个旧同事和自己一同打拼。为了打开市场，郑道和他的几个同事跑市场，找机会，遇到了重重困难，坎坷万千。郑道甚至一度怀疑自己当初的选择是不是正确的。

然而，老上司那轻蔑的言语时常回荡在自己的耳畔，郑道告诉自己，不管怎么样，也要坚持住，哪怕就为了让那些不相信他的人看看，他有能力做自己的事业。

凭借坚忍的意志，不懈的努力，郑道的公司终于走出了困境，业务量不断扩大，还不断招进新人，不到两年的时间，郑道的公司在业界已经小有名气。郑道说，他很感谢那些刺激过他的人们，是他们的讽刺、打击让他不甘服输，无论在多难的情况下都咬牙坚持了下来。

郑道是一个高情商的人，他能够感谢那些伤害过他的人，是因为他明白没有那些人他就不可能进步。情商高的人都明白一个道理：如果世界上只有一件事比受到伤害还要糟糕，那就是从来不曾被人刺激过。因为，当一个人受到刺激、经历磨难以后，他的潜能才会被激发出来。也唯有如此，他才能在逆境中逼迫自己改变现状，勇于突破，才会获得新生。

不犯错是不可能的，经历曲折是很正常的现象。在你徘徊不前的时候，有个人适时刺激你一下，能够使你觉醒。情商高的人能把磨难当作动力，将挫折化作勇气，将刺激当作鞭策，朝着自己认定的目标，不断前进，最终赢得胜利。但是，情商低的人在低谷时受到别人的言语刺激，不去想别人为什么看不起自己，努力上进，而是自暴自弃，干脆放弃前行，破罐子破摔。我们应该像案例中的郑道学习，唯有成为他们这样高情商的人，才能在挫折中前行，最后成就自己的辉煌。

Part ❷

——

掌握自己心智，
用情商左右你的情绪

我们自己的情绪，轮不到别人来掌控

在生活中，我们难免会因为一些人口不择言或无礼之举而感到气愤，难免会因为一些人的污蔑、讥讽或背叛而感到痛苦和绝望。因为这些而影响到自己乐观的人生态度，甚至做出自我伤害的事，这是在拿别人的错误来惩罚自己。凡事需要退一步，看淡一点，不要对那些不必要的人或事耿耿于怀，真正情商高的人，会把快乐的生活掌握在自己手中。

我们经常会听到这样的抱怨："这个人怎么这样，简直气死我了。""这件事太让人堵心了，还让不让人活了。"产生如此强烈的不悦情绪，多半是因为别人做了让你不顺心的事。有的人遇到这样的情况，要么暗地里气得要命，要么干脆和对方大吵一架，要么哭哭啼啼万念俱灰，要么借酒消愁，用伤害自己身体的方式来"解气"，这都是情商不高的体现。

做了错事，的确应该受到惩罚。可如果错在对方，为什么是你来替人受过呢？无论是伤心还是郁闷，对身心健康都极为不利，还有人用自我伤害的方式来为别人的过错埋单，这实在是糊涂之举。

王丽丽本来是一个开朗乐观的女孩。在公司上班时，她认识了一个男孩。后来，两个人成为情侣。男孩的帅气和博学，让王丽丽深深痴迷。

后来，男孩打算去其他城市发展，并希望王丽丽能够陪他一起去。王丽丽的家人非常反对。他们对男孩并不放心，更何况一个女孩只身一人去一个陌生的城市，一旦有了差池，后果不堪设想。

对爱情的不舍使王丽丽做出了艰难的决定。她辞掉了工作，不惜和家人断绝关系，最终陪着男孩一起走了。

到了新环境，王丽丽一时无法适应，没有找到合适的工作，只能每天在家里为男孩料理家务。随着时间流逝，两人的共同语言越来越少，感情也渐渐变得疏远起来。直到有一次，在男孩手机里发现了他与其他女孩暧昧的聊天记录，王丽丽的世界刹那间崩塌了。

叫喊过，吵闹过，央求过，威胁过，两个人最终还是分道扬镳了。此时，王丽丽已经万念俱灰，她没有收入，也没脸再回家面对父母，一个人在完全陌生的环境里无依无靠。

绝望的王丽丽走向了绝路，幸好被路过河边的几位好心人救了下来。至今，她仍然没有从感情失败的阴影中走出来。

王丽丽轻生的举动能改变现实，让男孩回心转意或是受到应有的惩罚吗？答案是不能。当我们因为别人的过错而愤怒或流泪时，我们摧毁的是自己的情绪，伤害的是自己的身体。如果因此做出一些冲动的事，还有可能受到法律的惩罚，甚至付出生命的代价。这样的自我牺牲毫无价值，因为这不可能换来对方的忏悔和改过自新。犯错之人总会受到相应的惩罚，只是时间早晚的事，但无论如何都轮不到你来替人受过。

其实，这都是我们自寻烦恼罢了。高情商的人应该知道，那些伤害我们的人，注定不会成为我们的爱人和知己，他们只是我们人生中不必去在意的匆匆过客。对于一些不值得的人，我们没必要对他们的劣迹太过计较，更不要和我们自己过不去。我们不能把别人变成自己希望中的模样，但我们却可以好好地爱自己。幸福的生活是靠自己创造的，不是靠别人恩赐和施舍的。如果别人犯了错，冒犯了你，你完全可以从容淡定地一笑了之。

有一个人每天都要去住所附近的一个摊位买报纸。他总是面带微笑，彬彬有礼，"你好""谢谢"之类的话随时挂在嘴边。不知道是因为自身涵养问题，还是生活着实不顺心，摊主从没有给过他积极的回应，总是很无礼地默不作声，或是将报纸随便扔到他手里。

有一次，一位朋友陪着他去买报纸，亲眼看见了摊主失礼的表现。于是愤愤不平地说："这个人态度很差，真是的。"

"他每天都是如此，我已经习惯了。"他平静地回答道。

"那你为什么还对他那么客气？我恨不得给他一拳。"

他微笑着说："我为什么要让他来决定我的行为呢？"

许多人之所以不快乐，大都因为他们的情绪总是被别人所左右。一个真正情商高的人是不会让别人来掌控自己生活的，更不会用别人的错误来惩罚自己。我们要把快乐掌握在自己手中，因为生活中需要关注的美好事物实在太多，偶尔碰到烦恼的人或事就应该绕道而行。

德国哲学家康德说："生气，是拿别人的错误惩罚自己。"我们不要把宝贵的时光都浪费在对别人的埋怨和痛恨中，更不要因为别人的过错而让我们自己的生活变得狼狈不堪。我们要好好爱自己，全心全意地去经营自己的生活，至于那些不重要的人，就随他们去吧。

克制住冲动，让情绪回归理性

我们常听一句老话——冲动是魔鬼。在生活中，我们时常会遇到一些情商低的人，这些人一般很容易被他人激怒，进而冲动地做出一些超乎想象的事情。可一旦造成危害，再后悔为时已晚。倘若他们面对事情时能够认真地考虑一下，在大脑中把过程走一遭，缓缓再做决定，那么将会避免很多悲剧。

桑德斯是一名海滩救生员。他自幼在海边长大，水性非常好。作为一名新人，老队长对他非常器重。

有一次，海上突然起了狂风，暴雨瞬间而至，一名正在海里游泳的女游客生命安全受到了威胁。紧急时刻，桑德斯不顾一切地跳进海水里，以极快的速度将被困女子救回。

他本以为会受到表彰，却遭到了队长严厉的批评：当时自然条件非常恶劣，他在跳水之前，并没仔细观察周围环境，甚至自救设备也没有携带。队长略带讥讽地说，他这样的做法会将自己和被救者陷入更加危险的境地，有可能连自己的性命都搭上。即使最后救援成功，那也只是运气好罢了，那不该是一名专业救生员应该有的表现。

听了队长的话，桑德斯觉得非常委屈：明明很出色地完成了任务，却被队长吹毛求疵，无端指责。他不服气地顶撞了几句，便将自己的各种装备和证件恶狠狠地扔在队长面前，愤愤不平地宣称自己不干了，转身就离开。

在那之后很长一段时间里，桑德斯都没找到合适的工作，因为他内心仍然向往着大海，向往着救生员这个能体现他个人价值的身份。他每天颓废度日，生活过得十分潦倒。

一次偶然的机会，他遇到以前的老队长。时过境迁，两人终于心平气和地聊起了往事。原来，老队长当时之所以严厉地批评他，一方面是不愿意看到他在救援过程中自己出现危险，另一方面是因为对他十分器重，希望他能做得更好，未来能够接队长的班，能救更多的人。

听到这些，桑德斯感到非常懊恼。如果当时不是那么冲动，能够了解到老队长良苦用心的话，也许就不会是今天这局面了。

冲动的行为不能帮助我们解决任何问题，它只会让人情绪失控，失去对现实生活的理性判断，从而造成家庭不幸、工作不顺和人际关系恶化等不利局面。

一般情况下，如何判断一个人情商的高低？那就是他面对冲动时所做出的选择，情商高的人面对冲动时总能做到忍耐和克制。如果别人冒犯了他，他们不会让自己的情绪失控，更不会在情绪失控状态下做任何不负责任的决定。他们善于理智思考。他们明白，出现不和谐的局面未必都是别人的原因，要多想想自己的问题，多想想别人的苦衷，多想想意气用事可能造成的后果，要努力在平静状态下去解决问题。通过这一系列的思考后，高情商的人就会做到包容理解、谦虚礼让。

在生活中我们经常看到，很多纷争源于误会或是不起眼的小摩擦。一次冷静的沟通，一句诚挚的道歉，一个谅解的微笑，就可能使紧张局面得到缓解。

前世界拳王泰森是一个典型的争议性人物。20多岁时，他仅用18个月就拿下三大重量级拳王的金腰带。他拥有无数的财富，受到全世界粉丝的追捧。很多国家的领导人还接见了他。

所有一切都使他急剧膨胀，而冲动的脾气更是让他吃尽了苦头。他曾经入狱3年，之后又因为各种问题在法庭和牢狱之间进进出出。后来，他在一场比赛中气急败坏，咬伤了前拳王霍利菲尔德的耳朵。一时间，他成为"臭名昭著"的代名词。

生活的磨砺最终还是让他成熟起来。在经历破产之后，这位曾经骄傲的拳王不得不为生计而做了许多不堪的工作。如今，他已经变得平和了许多。在回忆往事时，他说自己的人生曾经有一副好牌，是自己没有好好珍惜。以前，他太容易冲动，脾气差而且好斗，但现在他要努力让自己学会克制和忍耐。输赢对他来说已经毫无意义，他如今最害怕失去的是自己的家人——他想做一个好人。

俗话说，浪子回头金不换。如果像泰森这样一个极具争议的人物都能通过克制冲动来让自己变得平和理智的话，我们又怎么不能呢？

李佳佳是一家软件公司刚上任的宣传部主管。公司经理引领她来到一间宽敞的办公室，对着一屋子同事宣布李佳佳正式走马上任，并指着一位40多岁的女士说："这是你的助理刘小姐，有什么不清楚的，请她告诉你。"不过，等公司经理一离开办公室，刘小姐旋即开口："抱歉，我今天有很多事要做，所以没有太多时间和你好好聊！"说完话，刘小姐一头埋进工作，一整天没跟李佳佳说一句话。而且，除了刘小姐外，办公室里的其他三个同事也对她横眉冷对，商洽工作时爱搭不理，那副做派，仿佛李佳佳不是他们的上司，而是给他们打杂的。

面对同事的排挤和刁难，李佳佳既没有暴跳如雷，也没有以牙还牙，而是积极冷静地寻求解决之道。她先是旁敲侧击地摸清了这股不明敌意的来由。原来，这几位同事都为公司工作了两年以上，每个人都以为宣传部主管的职位能落到自己头上，没料到这个肥缺让李佳佳占了。找到源头了，李佳佳也明白了，几位同事的刁难并不是冲着自己，而是对公司的人事决策不满。于是，她在办公室里持之以恒地发送着自己的友善，经过几次以德报怨的交锋，大家都为李佳佳的冷静善良折服，满心欢喜地接受了这个年轻的上司。

一个情商高的人能够控制自己的情绪，一个情商低的人常常会被自己的情绪所控制。所谓成功，就是能突破心理障碍，控制住冲动，不在失去理智时做决定。那么我们如何能成为一个情商高的、能够避免冲动的人呢？

一、学会躲避，远离冲动现场

当人处于愤怒或者是冲动之下，大脑皮层就会出现一个强烈的兴奋点，并不断向四周蔓延。因此，要想避免这个兴奋点蔓延，避免失去理智，就要有意识地学会转移兴奋点，这就是所谓的眼不见心不烦。例如，在面对冲动的对象时，你就应该用仅有的理智告诉自己快速躲开他，去干点别的事情。

二、懂得忍耐，才是控制情绪的强者

忍一时风平浪静。为了让自己做一个理智的人，就应该多从更加宽容的角度去看待那些不愉快。例如，当和别人发生争执时，在自己还没失去理智时，先多想想为何会和对方争吵，问题是否出在自己身上。进而再思考，若是争执持续，自己失去了理智，冲动后酿成的后果，自己能够承受吗？这样便可以迅速把自己从冲动的边缘拉回来。

三、想一下，寻找更好的避免冲突的方法

首先，要明确冲突的主要原因是什么？双方产生分歧的关键在哪里？什么样的解决方式是能让双方都接受的？当想明白这些事情，就可以找到最佳的解决方式，进而避免冲突的升级。

每天的抱怨，对解决问题没有任何帮助

我们在生活中总是有很多喜欢抱怨的人，他们每天喋喋不休，不是抱怨工作累，就是抱怨待遇低；不是抱怨升职太慢，就是抱怨办事太难……可是，当这些人喋喋不休地抱怨的时候，你是否会发现有些人却一声不吭，只顾埋头工作。这些人，就是情商高的人。我们可以思考一个问题，难道这些高情商的人，在生活或工作中就没有不满意的事情吗？难道他们的心理承受能力就那么强吗？

过不了多久，你会发现，你曾经抱怨的那些事现在都回报了那些不抱怨的高情商者。他们是事业和生活的宠儿，老板、同事喜欢，甚至连邻居家的孩子都喜欢他们。这是为什么呢？

只是因为大多数人只想着抱怨，从没想过如何去解决问题。在高情商的人看来，抱怨无济于事，任何时候，办法都比问题多。即便是自己的条件不如他人，遭受那些不公平的待遇，他们也能暂且忍受。这正是他们情商高的地方，也是他们的优秀之处。

善于解决问题的人就是情商高的人，同时也是优秀的人。不论在任何情况下，他们都会把他人的抱怨看成是解决问题的机会。

某市物价局的一名干部，从来都是任劳任怨，从不抱怨。

他是从部队转业参加工作的，没有什么特殊技能，参加工作

的头三年，全局的办公室都是由他打扫。每天，他都是第一个到单位。后来办公室又来了一个年轻人，他的地位上升了，但他仍然坚持打水扫地，总是比别人多干一些"分外之事"。别人不理解，他却没有一点儿怨言。

有一次，领导对他写的办公室材料不满意，要求他重写。他尽最大努力写好交上去。领导很高兴，可是，却得罪了办公室的人。这下，办公室的人几乎都与他为敌。但是，他没有辩解，照样热情工作。而且办公室有需要帮忙的，他也绝不推辞。

他所在的科室主任于五年后被调走，大家都认为主任之职非他莫属。没想到，领导却从别的科室提拔了一个副主任来当主任，把他"下放"到偏远的山区物价所。机关里很多人都议论纷纷，说他主要是"缺少活动"。但他却没有找领导诉苦，也没有表示出不满。

谁都没想到这个有点窝囊的人在十年后竟然当上了物价局的局长。人们问退休的老局长为什么看好他？老局长回答：每次晋级评比，不论评上还是评不上的都是满腹牢骚。什么去基层太苦、薪水太低、环境太差、无法照顾家庭等，我的脑袋都要爆炸了。可是，我从来没有听到他抱怨过什么，他总是在想办法解决问题。他在基层能一干八年，解决了那么多遗留问题，你们能做到吗？

人们这才终于明白，原来这个"老蔫儿"的长处就是不抱怨。

政府机关和大公司本来就是个容易产生牢骚和抱怨的地方，唯有勤勤恳恳才有进步的机会。道理很简单，僧多粥少，位居"金字塔"中上层的寥寥可数。每个金字塔底部的人，都渴望自己早一点、快一点上去。但是，社会从来都是不公平的，由于各种原因，不可能保证每一次的人事变动都能够公平。因此，那些自我感觉非常良好，以为某个位置，天经地义非他莫属的。情商低的人，一旦发现愿望落空，就会采取各种各样的方式发泄心中的不满。甚至会一怒之下撂挑子，给领导脸色看。领导对他们怎能有好印象？

那些不抱怨、默默工作的高情商者，因为他们的不抱怨给领导留下了好印象，觉得他可以委以重任；因为他们在别人抱怨的时候默默无闻地用工作的成绩来为领导减轻压力；因为他们自觉地做着分外的许多事情。如此，领导能不青睐他们吗？正是因为不抱怨使他们能集中心智并将其放在工作上，于是他们的工作不仅主动，而且谦逊，职位得到提升也是很自然的事情。由此可见，不抱怨，是一种态度，也是一种智慧，更是一种高情商的体现。不抱怨不仅可以建立和谐广博的人际关系，而且能够帮助自己开辟一片新天地。

不管在什么组织，任劳任怨，做出优秀的业绩，为组织创造价值，才是被提升的基本原则。因此，如果你一直对自己的职位不满，认为是屈了自己的才，不要总是抱怨领导没有给你机会，不妨仔细问问自己，是否在领导交给你任务后，能够圆满完成？

抱怨有时候就是推卸责任。不论在生活还是在工作中，每个人都会面临种种困难或问题，担任职务越高的人，其面对的困难或问题则越多。情商高的人接到公认困难的工作任务，不给自己找完成不了的理由，也不在面对问题时掺杂任何消极的态度，试图推给别人。他们总是以阳光视角积极面对困难或问题，积极尝试。如此，即便没有发生他们预想的好结果，上司也会改变对他们的看法。因此，如果你有时间进行抱怨，还不如把时间用在寻找克服困难、改变环境的方法上。只有你能对问题提出两个以上的解决方案，人们才能对你刮目相看。

抱怨不会让你取得进步。高情商者，他们成功的共通之处就是不抱怨，想尽办法去解决问题。遇到困难去挑战它，遇到委屈去化解它。只有不抱怨才能获得成功，也只有不抱怨才能取得进步。如果你是个总爱抱怨的人，请向那些情商高的人学习，把困难或问题当成提高自己工作能力的一个个机遇。减一分怨气，多一分责任，多一分主动，用实干代替抱怨，那么机会早晚会来到你面前。

拥有豁达的心态，坦然面对眼前的现实

印度诗人泰戈尔说："如果你在错过太阳时流泪，那么你也要错过群星了。"在人生征途上，由于各种原因，我们总是要面对一些不幸的打击。终日为这些遭遇而悔恨惋惜，甚至沉溺其中不可自拔，是生活幸福的最大障碍。因为当你为已然发生的事实而悔恨时，你所错过的可能会更多。

在生活中我们总会看到另外一些高情商的人，他们也会遇到打击，但他们明白，打翻的牛奶很快会淌光，无论你如何悲伤、后悔、哀叹和伤感，都于事无补。既然这样，不如学会向前看，让以往发生的一切成为过去式。哪怕是再痛苦的打击，对于今天的我们来说，也已经毫无意义，我们应该学着用坦然惬意的心态去面对人生的变故。

这些高情商的人知道，为了已经失去的东西而放弃现有的快乐是不值得的。牛奶已经打翻了，再怎么懊恼和后悔也于事无补了，所以过去的事情就过去吧，当下的快乐才最重要。

格林夫妇一家在意大利旅游时，不幸遭遇了劫匪。他们最疼爱的年仅7岁的小儿子尼古拉在这场劫难中中弹身亡了。这对于格林夫妇来说无疑是一个巨大的打击，他们如同做了一场噩梦。

可是，在医生确定了尼古拉的大脑已经死亡后，父亲格林

经过考虑，做出了一个惊人的决定，他要捐献儿子的器官。于是，大约4个小时后，尼古拉的心脏便重新在另一个14岁男孩的身体里开始跳动，这个男孩有先天性心脏病，是尼古拉的心脏使他得以痊愈；而他的肾则使两个肾功能先天不全的孩子有了活下去的希望；尼古拉的肝使一个19岁年轻少女脱离了生命危险；而他的眼角膜则使两个意大利人看到了他们生命中的第一缕阳光。

这件事情轰动了整个意大利，媒体也对格林夫妇做了采访，当被问及他们做出这个惊人决定的原因时，格林先生慢慢地说："我们并不恨这个国家，也不会憎恨意大利人，我的儿子已经再也回不来了，但是我希望那个杀害我儿子的人能够真心忏悔和反思，他在这样美好的一个国家里，犯下了怎样的罪孽啊！"

格林夫妇脸上掩饰不住的痛苦和悲伤令所有意大利人为之同情，但是在同情之余人们更加深深地敬佩他们。格林夫妇在遭受如此重大恶劣事件之后所表现出来的冷静与大度，不得不让意大利人倍感羞愧。

假如你处在格林夫妇的境地，你会做出怎样的选择呢？是否能够做到像格林夫妇那样坦然接受现实？还是在沉重的打击之下萎靡不振，难以接受儿子离去的现实，从此永远沉浸在无尽的悲伤和憎恨之中难以自拔？又或者扩大到对整个社会和国家抱怨、憎恨？

就像格林夫妇一样，他们只不过是普通人，然而一场横祸，让很多人看到了人性光辉的那一面。这种光辉虽然是在巨大痛苦之下绽放的，但是也因痛苦使这微弱的光辉更加耀眼。这是一种神奇的力量，每一个人身上都具备这种力量，虽然它并不能塑造多么伟大的辉煌，但是他至少可以点亮生命之光，闪烁出人性中的耀眼光芒。

波尔赫特是一位在世界戏剧舞台上活跃了 50 年之久的著名话剧演员，她曾经辉煌地塑造了各种经典的舞台形象。

都说福无双至、祸不单行，她 71 岁的时候意外遭遇了破产，就在她为此心力交瘁的时候，生理上的打击也接踵而来。一次她在乘船的时候，不小心滑倒在了甲板上，她的腿部也因此受到了非常严重的创伤。医生虽然已经尽力施救，但是由于伤势严重，迫于无奈需要截肢才能保住她的生命。医生十分为难，担心把事实告诉波尔赫特后，她会承受不了这巨大的打击。

结果，医生的担心完全是多余的。当波尔赫特从医生口中得知这个消息时，她并没有像预想的那样表现出极大的悲伤，只是淡淡地说了一句："既然医生都没有更好的办法了，那就这么办吧。"

从此之后，波尔赫特并无大的情绪起伏，即使在手术当天，她还在轮椅上朗诵着戏里的台词，后来有人问她是不是这样可以安慰自己。她却说："我早已接受了事实，还要安慰做什么呢？只不过为我手术忙碌的医生和护士都太辛苦了，我这样可以给他们一些安慰。"

手术以后，她疗养了一段时间便又开始到世界各地进行演出去了，她的舞台生涯在此后又持续了 7 年之久。

我们应该去学习这样豁达的心态，坦然地面对眼前的现实，坦然接受一切。面对已经失去的东西，我们所要做的并不是沉溺于其中不能自拔，永远活在痛苦的回忆中，而是重新振作，迎接新的生活，获取新的希望。努力向前永远比痛苦懊恼来得有效。"塞翁失马，焉知非福。"生活总是要继续，不管昨天你的经历是痛苦还是精彩，明天又会有不一样的际遇，所以不要停留在当下，一定要懂得去把握未来。心若一直停留在过去，人生便会永远停滞不前。人生长也不过百年春秋，若在失去的东西上白白浪费这许多美好的时光，那么人生有多少光阴都是虚度过去了，那样痛苦和懊恼的时间便也会加倍延长了。

　　当牛奶打翻之后，你不该哭泣，而是接受这个现实，然后再倒一杯牛奶。失去的就是失去了，时光不会倒流，前一秒发生的已经发生了，若你为这一秒的失去而浪费今天，那么实在是太不值得了。只有接受事实，丢掉那些痛苦，才能更好地去迎接新的朝阳。

　　其实，我们必须承认，更多的时候我们选择沉沦和从此一蹶不振是心甘情愿，虽然我们远远望着美好，但是由于仇恨和悲伤占据了我们的内心，我们会选择拒绝美好。

　　"人人皆可为尧舜"，我们不能做到像圣人、英雄般博大的胸怀，但是我们可以选择尝试着走出痛苦。毕竟面对失去的东西，无论如何痛苦沉沦也是于事无补，不如释然接受。

为生活添点幽默，让忧虑在笑声中消失

高情商的人除了懂得如何化解各种负面情绪，更有一项独特的技能——幽默。他们总能够通过幽默的语言将一种亲切、轻松和平等的感觉传递给别人，使各种忧虑统统在笑声中消失。在这一点上，我们更应该向这些高情商的人学习，为了使生活经常保持朝气，我们要不断地注入"兴奋剂"，用幽默来滋润生活。

爱因斯坦就是一位高情商的智者。有一天，他在街上遇到了一个老友，老友看着他身上的衣服，诧异地问道："爱因斯坦先生，我觉得你有必要添置一件新的大衣了，看你身上这件衣服，这都穿了多久了啊！"

爱因斯坦回答道："这有什么关系，在纽约的街头上，谁认识我呢？"

多年以后，爱因斯坦成名了，但他依旧穿着那件多年前的旧大衣。有一天，在街头他又遇到了多年前谈论过这件事的老友，那位老友又劝道："你现在这么有名，怎么还穿着这件大衣呢！你应该添置一件新的大衣了。"

爱因斯坦回答道："这又何必呢。现在，无论我穿什么，谁又能不认识我呢！"

无论成名与否，爱因斯坦始终过着简朴的生活，对于外在从来都没有什么强烈的需求。朋友在他成名前后都建议过他添置新的大衣，而他运用极其巧妙和富有幽默感的方式回答了老友。在生活中，我们都应该学习爱因斯坦，以幽默的情绪来对待人生中不顺心的事，时刻为生活注入兴奋剂。

在现实生活中，不仅高情商的名人能拥有幽默的人生，高情商的普通人也能做到以幽默的态度来为人处世。有这样一个故事：

有一个年轻人，他是摩托车运动爱好者，并且一直梦想着有自己的摩托车。终于，他买到一辆摩托车，但不幸的是，他第一次用新车参加摩托车比赛，就把车子给撞坏了。

可是，这并没有使他陷入沮丧，年轻人自我安慰道："唉，从前我经常说，总有一天我要骑着自己的摩托车参赛。现在，我真的拥有了一辆自己的摩托车，而且还真的仅仅参加了一天的比赛。"说完之后，他自己忍不住笑了起来。

人们在生活中免不了会被经济难题所困扰，撞坏了摩托车，主要也是经济方面的损失，而借助幽默的力量，可以减轻经济问题带来的压力。这个年轻人情商很高，而且也很聪敏，他知道事情已经发生，埋怨于事无补，所以干脆轻松地对待。

家庭生活中，没有什么事情是不能幽默对待的，关键在于你情商高不高。能不能保持愉快的心态，能不能发现身边的快乐。比如，男人们都对逛街没什么兴趣，可女人们又很喜欢拉着男友或者老公陪自己逛街。这种事情让很多男人头疼，可又无法避免，男人必须跟在女人后边，并主动积极地给她付钱。既然这种事总要发生，我们倒不如表现得乐观点，让这难以忍受的事情多几分乐趣。

挑个大晴天，你陪另一半去逛街。等另一半看中一件衣服，只因嫌贵而犹豫着要不要下手时，你不妨偷偷地把款付了，然后拎着衣服，拉着另一半就跑，边跑边对她说："快跑，趁着营业员没看见！"

接下来，你的女朋友或妻子一定会胆战心惊，甚至对你大发脾气。这时，你就可以把谜底揭开，告诉她："放心吧，我已经把钱付过啦，看，我手心里攥着的不就是小票吗？"

如此大张旗鼓地幽默一下，可以让逛街这件无趣的事情也变得有趣起来，同时还能让你的另一半感受到你的爱意和风趣。

最后，我们要说，幽默本身并没有什么固定的程序，也没有什么公式可以套用。只要你情商够高，心中充满着快乐，能够积极面对生活，自然而然就会变得幽默起来，让生活这杯白开水变得有滋有味，并且寻回儿时那个快乐的自己。

高情商的人都会"装",通过假装改变自身情绪

当你心情郁闷,感到喘不过气般难受时,高情商的你应该知道,最佳的选择是释放,而不是压制。想要喊一声,那就喊出来,想要跺跺脚,那就跺跺脚,想要抱头痛哭,那就哭一场,任其发泄几分钟,但要设定好自我放纵的界限。当你内心的苦闷释放出来后,你的心情就会变得好起来。

其实,在我们感到情绪低落时,装出好心情是放松身心、从消极转向积极的最有效的方法。我们可能会通过"装"的扮演过程获得真实的好心情。最终,原本只是装出来的好心情会变成真实的感受,从而让我们在不如意的时候较为快乐,遇到困境时也较有自信和意志力。

丹丹今年刚25岁,但是在她身上却看不出属于年轻人的青春活力,反而是眉头紧锁,声音低沉,一副萎靡不振的样子。这种状态持续了好几天。这天,丹丹和一位在公司大厦做保安的师傅一起乘坐电梯,师傅看了丹丹几眼说:"闺女啊,你怎么总是愁眉苦脸的,是有什么不顺心的事吗?"丹丹敷衍地说:"啊,叔叔,我没什么,心情不好而已。"

师傅哈哈大笑起来,说:"我以为是什么大问题,我来教你一个办法,保证你以后心情很好。以后不管你遇到什么难事,你

都告诉自己，我很开心，哪怕是不开心，你也要装作开心，然后没一会儿，你的心情就会在自己的主动带动下变得好起来。"丹丹将信将疑地看着师傅。

丹丹下班回家，想要好好休息一下，谁知道她表弟把她的房间弄得乱七八糟，甚至弄洒了她最喜欢的香水，她刚要发火就想起电梯里师傅教她的办法，于是她默默地对自己说："没什么，我要保持好情绪，我很开心，眼前的这一切都是小事而已！"刚开始的时候丹丹觉得很奇怪，自己就像个神经病。但是这么一想，自己似乎也真没那么生气了，反而觉得舒服了点。从那以后，只要有什么不开心的事，她就会让自己假装很开心。后来她终于明白了，一个人的好心情取决于最初的情绪选择，所以哪怕心情不好的时候假装一下好心情，也会弄假成真，与好心情结缘。

丹丹之所以能够摆脱萎靡不振的生活，并拥有好心情，最关键的一点就是她学会了"装"出好心情。无论是在工作中，还是在生活中，假如我们能够学会"装"出好心情，我们就可以真的拥有好心情。

能够让自己获得快乐的心情是一种能力，同样地，一个能让自己在不快乐时依然保持微笑的人，是情商很高的智者。很多人都喜欢阿庆嫂，却很少有人喜欢祥林嫂，这就是因为，生活需要一种阳光的心态。生活不可能永远波澜不惊，但只要我们懂得调整自己的心情，就会让自己快乐如初。

当心情不佳时，要学会控制坏情绪，装出自己的好心情。只要装出一份好心情，就能让自己保持快乐、积极的情绪，就能让自己的心情真正好起来。那么，我们该如何做呢？

一、假笑疗法

生气时，可以找一面镜子，然后对着镜子努力挤出笑容来，持续几分钟之后，你的心情果真会变得好起来。这种方法叫作"假笑疗法"。实验证明，假笑能触动体内横隔膜，具有很好的热身效应。假笑时，体内横隔膜会将假笑引发成真笑。不知不觉中，你就会由衷地发出笑声了。

二、转变角度思考问题

很多坏心情都是由钻牛角尖形成的，在自己心情不好的时候，应该时常用这样的话提醒自己：世界上并不是每个人都很顺利，跌跌撞撞才是人生。千万不能觉得自己很倒霉，越想越气，心情也会越来越糟糕。

三、回忆愉快的事情

当我们确实很烦恼的时候，不妨回忆一些愉快的事情，尽量多想快乐的事情，用美好的回忆装满自己的内心，让美好的回忆荡漾在我们的心中，"溢"到我们的脸上，就能"装"出好心情。

四、想象美好未来

未来是未知的，我们把控不了，也预知不了，与其充满担忧，为何不往好处想呢？我们可以把它幻想得美好而充满希望，让自己心怀向往，这样才能让心情更美好，让前进的脚步更有动力。

情绪不要总憋着，该释放时就得释放

情商低的人遇到压力或者内心压抑时，总是会选择自己承受，不对任何人诉说，也不找任何渠道释放，长此以往，会导致免疫力下降，内脏功能失调，诱发多种疾病。同时，对心理健康也会造成极大危害，严重时还会出现精神分裂。而高情商的人，却知道情绪不能总憋在心中，该释放时就要释放，该宣泄时就去宣泄，他们明白，通过适当的方式把心中的焦虑、忧郁和痛苦宣泄出来，就能恢复身心平衡。

高情商的人明白，宣泄就是排解释放负面情绪的过程。因一些不堪回首的经历或是沉重的生活压力而长期积攒在内心的郁闷和痛苦，必须通过一定方式进行排解和疏导，否则就会给人的健康和正常生活带来无法估量的危害。在现实生活中，宣泄的方法有很多，只要掌握了一招半式，就能把内心的积郁一扫而光。

不要忽视眼泪的力量。有人说，牙碎了也要咽肚子里。殊不知，这不仅不利于情绪的改善，反而会让负能量在内心越积越多，甚至有人提出，强忍泪水无异于慢性自杀。在面对糟糕的心情时，没有任何一种方法，比让自己痛痛快快哭一场更过瘾、更有效。所有烦恼、忧伤和委屈，都会随着泪水一同倾泻出来。这就像是给心灵做一次排毒 SPA，所以不要吝啬你的泪水，也不要羞于直接去表达脆弱的情绪。

荷兰科学家们通过实验研究发现，类似《忠犬八公》《美丽人生》这样的悲情电影，对缓解人们的压力和负面情绪很有效。

催人泪下的情节会让每一个观影者流泪不止。短短 90 分钟时间之后，人们的情绪状态会有所下降。这可能是电影情节过于悲伤的缘故。但随后不久，他们的情绪就会迅速恢复，并逐渐超过观影之前的水平。

从生理角度来说，人在哭泣时会将一些精神压力产生的毒素排出体外，同时人脑中会产生对提高兴奋度有益的化合物。从心理角度来说，哭泣可以使人的心灵得到慰藉，情绪得到释放。通过与电影中悲伤情节的对比，人们更容易体会到自己现实生活中的美好，更容易产生幸福的感觉。

要善于向身边的人倾诉。很多人不愿意向别人倾诉自己的心情，害怕会遭到别人的嘲笑和埋怨。其实，这种担忧大可不必。你的家人和最好的朋友，一定是生活中最关心你的人，在你情绪不佳时，你完全可以找他们倒倒苦水。根据你的倾诉，对方能够有的放矢地给予你宝贵的意见和建议，而且情绪低落的人往往容易走弯路、钻牛角尖，容易辨识不清生活中的真实情况，这时候听听别人的意见就显得非常重要。即便对方不能给予你意见，仅仅是认真地聆听，仅仅是一个微笑的示意，这对你来说都是一种莫大的肯定、鼓励和宽慰。当你一吐为快之后就会发现，你的情绪已经恢复大半了。

运动是解压宣泄的最好方式。体育运动一方面可以起到转移注意力的作用，人们通过体力的消耗让自己专注运动本身，从而会忘却那些糟糕的心情。另一方面，运动过后会让人产生一种淋漓尽致的解脱感，所有不快都会随着汗水一同流走。

为了证明跑步之类的有氧运动可以减轻心理紧张、情绪倦怠等症状，澳大利亚新英格兰大学的科学家们设计了这样一组比较实验。

他们将被试者分为三组：第一组进行有氧方面的训练，第二组进行无氧力量训练，第三组保持静止的状态。在持续一段时间之后，通过对各组被试者身体指标的检测发现，前两组被试者都不同程度地提升了个人成就感和幸福感，同时降低了知觉压力。特别是进行有氧运动的被试者，他们在降低心理压力和情绪衰竭等方面表现得尤为突出。

这个实验结果表明，跑步等运动方式可以起到改善情绪的作用，对于被生活压力和负面情绪所困扰的人来说，无疑起到了兴奋剂的作用。

当然，宣泄也要注意分寸，绝不能做出困扰他人或伤害自己的事情。没有哪一种宣泄方式是最佳的，也没有哪一种情绪是不能宣泄的。只要你根据自身的情况，选择适合自己的方式，就会使内心的积郁得以宣泄，心灵的重压得以释放。

香港明星刘德华曾唱道："男人哭吧哭吧哭吧不是罪，再强的人也有权利去疲惫。"不管是男人还是女人，在我们疲惫不堪时，在我们焦头烂额时，在心灵越来越无法承受生活之重时，我们要学会用快乐宣泄自己，用智慧疏导自己，让我们的心灵始终保持着幸福的温度。

Part **3**

——

情商高的人，
一开口就知道该聊什么

高情商的人，马屁总是拍得恰到好处

英国《新科学家》杂志做过一项有趣的研究，访问了包括灵长类专家在内的动物学家，结果得出这样的结论：交际场的确犹如丛林，要想在交际的天地间很好地生存，必须谨记一些金科玉律，其中之一就是学会逢迎拍马，当对方心情好了，情绪高涨了，自然就会对你有好印象。

拍马屁，历来被人诟病，却一直盛行不衰。在每个人的一生中，没有一次拍马屁的行为，几乎是不可能的。拍马屁会迅速获得他人好感，让对方心情愉悦，从而建立良好的人际关系。曾仕强教授曾说："我们不能拍马屁，一味地讨好别人而不顾客观事实，但我们可以创造很浓厚的马屁味道。简单一点说就是，如果每个人都知道你在拍马屁，那你就不要拍；但你拍到好像没拍一样，那就去拍。"一语道出了拍马屁的意义和玄机。

马屁一定要拍，但是不能拍得太明显、太露骨、太离谱，拿捏拍马屁的程度十分重要，最好的马屁是看不出的马屁。这里对拍马屁提出了较高的技术要求。其实，人际交往本身就是学问，拍马屁作为人际交往的一部分，尤其值得琢磨和研究。拍马屁拍得得体的人，往往具有较高的情商。

情商，简单地说是一种体察他人情绪的能力。所以，情商高的人，可以更快地读懂别人的内心，从而迅速拍出合适的马屁。

我们知道人与人之间的智力水平差不了多少，进入职场的人，少不了聪明睿智，少不了学识修养，但是聪明和学识对他们前途的影响，却远远比不过情商。"锐气藏于胸，和气浮于脸"，在职场中打拼，人们更喜欢那些办事精干而且为人体贴的同事，他们不把精明写在脸上，他们给人送去关怀和问候，更送去尊重与温暖。你可以说他们势利、拍马屁，但你绝对不会讨厌他们。

《红楼梦》一书中，湘云给人的印象是心直口快，生性开朗，深得贾府上下的喜欢。湘云是贾母的内重侄女，由于她父母早亡，跟着叔婶生活，而叔婶又待她不好，所以她就经常到贾府小住。可贾府的环境是相当复杂的，在那宏伟的外观之下，人与人之间，表面看似无他，其实暗藏了许多玄机。在这样的环境中，要想寻得生存，仅靠天真和不谙世事是不可能的。

初到贾府，首先要做的是拉拢人情，对这，湘云早有准备。她从家里带出来4枚绛纹石戒指，这4枚戒指可不是随机发放的，湘云心里早有安排，分别是给袭人、鸳鸯、金钏儿和平儿的。再看看这4个人的主子，宝玉、贾母、王夫人、王熙凤，这4人是整个贾府的权力代表，掌管着整个贾府的人事任免和财政支出等重要事情的决策权，由此不难看出，湘云送礼是颇有心计的。

由于条件有限，贵重的礼物湘云是没有的，给这4个丫鬟送点小东西，表面上的意思是联络感情，更深层的意思是，如果湘云遇到什么难处，这几个人都能在自己主子面前替她说话，这才是最根本的原因。

其实湘云有这样的做法，也不过是出于一种人性上的本能，并不代表她生来就是一个精通世故的人。每个人处在一个陌生的环境下，都会想办法为自己寻找一个靠山，来保护自己不受到伤害，更何况她家道败落、无依无靠，就更需要为怎样在这个环境中生存，怎样寻求一些帮助动点心眼了。

适度的马屁，总是令人情绪大好、开怀展颜，迎来好意与帮助。在职场中，就该有眼力，就该知道如何拍马屁。一味地清高孤傲，不与人交往，讨好上司，很快就会被踢出局。每个人的内心深处都渴望得到他人的肯定和尊重，尤其是在竞争激烈的职场，上司们为了鼓励下属多干活，可能会经常说些激励人心的话。可是作为上司该从哪里吸取动力呢？这时，聪明的下属不妨多几句赞美，多几句肯定，从而满足他们内心的需求。

拍马屁就不要吝啬赞美之词，更要懂得欣赏别人的长处。每个人都有长处，关键是如何通过欣赏长处，使对方了解自己的品位，提升自己在他心目中的地位。

于珊珊是某公司老板的秘书，最近一段时间，老板的行政助理去美国探望老公了，因此公司里多数人都认为于珊珊会被提拔为新的行政助理。可是出人意料，一位进公司只有两个月的前台接待于小姐犹如一匹黑马，击败了于珊珊，登上助理宝座。

于珊珊很不服气，认为于小姐没有什么工作能力，完全靠拍马屁上位。

于小姐很"会来事"。老板是位50多岁的女人，梳妆打扮很不在行，一次在披散开的头发上别了枚红色的发夹。当时公司里所有女性都觉得好笑，认为这种打扮实在老土，忍不住偷偷议论。可是于小姐却没有说笑，而是站出来对老板说："人的气质好了，怎么打扮都错不了。老板，你的发质很好，肤色又白，我觉得头发盘起来肯定更有韵味。正好我刚学了几个月美容美发，不如帮您换个发型吧。"老板听了大喜，连忙请于小姐为她梳头。

这件事后，于小姐与老板的关系迅速升温，经常在一起闲聊各种问题。有一次，于小姐忽然由衷地对老板说："您独自一人在上海做事，孩子和老公都在广州，真是很不容易。可是我们办公室的这些女同事们，她们一下班就急着回家做饭，舍不得老公孩子，女人和女人，真是不一样啊。"此言一出，又令老板开颜。

于珊珊之所以不服气，是因为她觉得于小姐缺乏能力，可她没有想到，于小姐的马屁功夫就是一种超级本领。从她与老板的几次交往中可以看出，她十分熟知老板的个性，揣摩透了老板的情绪，这一切难道不正是一名助理该了解的吗？相比之下，于珊珊除了业务能力外，与老板之间显得较为陌生，不能设身处地地为老板着想，这样的人如何做得好一名助理？

所以，拍马屁是一种交际沟通的需要和能力。马屁拍好了，对方感觉舒服了，情绪就会好，会使你在职场中轻松获得有利地位，甚至化腐朽为神奇。

职场生存，服从是强大的力量，因此不要用"我天性不喜欢""我看不惯"等理由拒绝提高自己的沟通能力，要学会拍马屁，而且还要拍好马屁。很多人不敢拍马屁或者不会拍马屁就是因为害怕被人戳脊梁骨，被人戴上"马屁精"的帽子。其实如果真的被人嘲笑，上司也不会高兴。

拍马屁一定要注意场合，最好不要在大庭广众之前大献殷勤。拍马屁最好含蓄一点，语言尽量平淡，但是每句话都要说到对方心坎上，说得对方情绪高涨。唯有这样，才能掌控住对方情绪，让自己在职场立于不败之地。

有时糊涂一些，更能体现你的聪明

很多时候交际场如战场，会遇到形形色色的人，当然也会遇到让人难以回答甚至不怀好意的提问，如果不懂谈话技巧，很容易让气氛变得尴尬，甚至得罪人。在面对不想回答的问题时，情商高的人会答非所问，巧妙化解，既不失礼，又保全了自己的面子。而情商低的人就是因为不善于巧妙回答提问，而让自己陷入被动又无法让对方满意的局面。如果不懂变通，就无法掌握交际之术。

小齐在保险公司干了很多年，能力没的说，就是不会说话。每次跳槽都是因为处理不好跟领导的关系。

再次辞职之后，小齐非常郁闷，整天借酒浇愁，还老抱怨没有人懂他。后来，好不容易有个老朋友想帮他一把，还是被他搞砸了。

老朋友想把小齐介绍到朋友张老板的公司，特意摆了一桌酒席，千叮咛万嘱咐，要他好好说话。

酒过三巡之后，张老板了解到了饭局的意思，问小齐说："听说你的业务能力不错，为什么辞职啊？"

小齐不假思索地说："因为跟老板的关系不和，不知怎么就得罪了他。"

老朋友一听就不高兴了，他想小齐怎么还是如此不会说话，于是他赶紧打圆场说："小齐比较实在，跟你开玩笑呢。他的业务能力挺好的。"

老板对小齐有了几分了解，不动声色地问："那你期望的工资是多少？"

小齐马上就要开口说越多越好，老朋友赶紧抢先说："大家交情不错，你根据他的能力给吧，他不会过多计较的。"

纵然老朋友在中间一再周旋，但小齐的表现还是让人不满意，最后老板找了个借口，离开了饭局。

"你怎么这么不会说话啊？我都帮你到这份上了你还是不争气，以后千万别再找我帮忙了。"最后，老朋友面子过不去，也撒手不管了。

小齐一个人坐在那里，又生气又无奈。

在交际中，高情商的人都明白一个道理：不要回答别人想知道的问题，要回答自己想回答的问题。尤其是在重要的场合，巧妙的回答不仅能让人满意，还可以显示自己的能力和情商，让对方产生好感。小齐是个不会回答问题的人，不假思索、不计后果的回答，只能暴露自己的短处，影响自己的形象。

在跟别人谈话时，哪怕是很熟悉的人，也要好好回答对方的问题。从回答问题的方式，对方就能看出你的为人，直接影响别人对你的印象。有的人认为，话多说一句少说一句都没关系，在回答问题时常常信口开河，或毫无保留地据实回答。事实证明，这是不可取的。

这时答非所问就派上用场了。答非所问可以让我们巧妙地绕开他人的话题，既能避免尴尬和不怀好意的提问，又能避免失礼，引起不必要的麻烦。懂得运用答非所问方式巧妙回答问题的人，总能在交际中如鱼得水，赢得"柳暗花明又一村"的新局面。

要想做到答非所问，就要懂得"揣着明白装糊涂"，这样的人不是傻瓜，而是真正高情商的智者。面对尖锐的问题，回答会让我们感觉尴尬，不回答又显得不够大气。假装听不懂其中的含义，用其他方式回答就会刚刚好。

有些人无法做到答非所问，他的人际关系就显得比较紧张。凡事太过认真，就显得心胸狭隘，斤斤计较，这是交际中的忌讳，千万不能老犯类似的错误。遇到难题，要学会绕行，这样才能把交际问题做得更好，达到自己的交际目的。

遇到不方便正面回答的问题时，可以通过暗示让对方明白其中的意思，或者传达自己的不满，言在此而意在彼。这是一种有效的缓冲方法，将对方扔出的"炸弹"威力降低，也可以给对方一个含蓄的警告或下马威。如此，对方才能意识到自己的问题并加以改正。

交际中，很多时候都不能"打开天窗说亮话"，要通过巧妙的暗示将难以回答的问题变得简单，同时让气氛不会太尴尬。所以，要学会通过暗示表达自己的意思，巧妙回答问题。

巧妙转移话题也是答非所问的重要方法，面对不想回答的问题，不妨当作没听到，开启新话题，这是很常用的说话艺术技巧。主动转换话题，主导谈话方向，这样才能在聊天中占据主动，避开雷区。

小王是刚入职场的新人，因为初生牛犊不怕虎，一来就得罪了很多人，这让他吃了不少苦头。后来，虽然他也意识到了不妥之处，但平时跟人聊天时还是有人故意刁难他。

在一次培训的时候，小王因为早晨有事迟到了五分钟，这可不得了，一时成了众矢之的。张老师是这里的老人，带头难为他："哟，小王，你可是从来不迟到的，今天培训怎么迟到了？莫不是对领导有意见？"

面对这么故意为难的问题，小王很生气，但也不敢跟张老师对着干，于是他灵机一动说："张老师，您来得真早，早就听别人说您是单位的楷模，以后我得跟您学习了。"

张老师还想发问，小王立刻打断他："听口音您是北京人吧？我外婆家也是北京的，有机会到北京请您吃饭。"

就这样，小王通过转移话题，巧妙逃避了张老师的刁难，避免了尴尬，解除了危机。转移话题，转移对方的注意力通常能收到类似的效果。

遇到实在不想回答的问题，还可以曲解对方的意思，假装听不懂，用糊涂方式应付过去就行了。

很多时候，那些经验十分丰富的人很会设计谈话陷阱，如果按照常规的思维方式，必然会掉进语言陷阱，巧妙曲解就不会如此了。

如果对方的问题很有难度，或者一时不知如何回答，可以通过反问把问题抛给对方，让对方替自己回答。如此一来对方可能会因为不好回答而放弃刁难，或者自己也可以根据对方的回答而取其精华。

总之，在交际中难免会遇到些不怀好意的刁难者，他们总会设置一些语言陷阱，如果我们不懂，就会陷入被动，被对方牵着鼻子走。所以，要培养自己绕开话题的意识，既给了对方有力的还击，又彰显了我们的情商，这是最好不过的了。

　　在交谈时，除了可以通过以上几种方式来应对他人不怀好意的问题，更主要的是随时保持敏捷的思维，寻找对方话语里的突破口。只有如此，才能把问题回答得更好，一直占据交际的有利地位。

批评的语言，并非那么难以接受

很多时候我们希望身旁能有一位像良师益友一样的朋友，每当自己做事情出现偏差时，他能够及时地对自己批评指正，免得自己在错误的道路上越行越远。但是，当真的有朋友站出来指出我们错误的时候，我们却感到不快。为什么我们渴望别人给自己提意见，但是当意见、忠告袭来之时，我们又不爱听，甚至听后还感到难受、气愤，自信心、自尊心受挫呢？

究其原因，大都是因为这些批评指正提出的方式使我们心生反感而无法接受。明白了这一层道理，我们今后就要注意，在批评别人的时候，自己所用的方式要让人乐于接受。高情商的批评者，即使批评他人，也能做到批评"不逆耳"，把逆耳的话顺着说。

我们常说，良药苦口利于病，忠言逆耳利于行。但是我们要知道，现在的药外边都裹上了糖衣，这就使得良药不再苦口，既然良药不苦，为什么忠言非要逆耳呢？

高情商的智者批评别人，总是先顺着对方的思路说，等到对方习惯了他的说话方式之后，再说出自己的意图，这样就顺其自然地说服对方，还不会让对方反感。

换位思考，找对劝谏的方式，然后用最适度的语言去感化对方，这样，别人才会认可我们的劝谏，我们才能让自己的话语打动对方。

不管是在生活中还是工作中，掌握说话的尺度是非常重要的，如果我们掌握不好，欠了火候，说出来的话，就算是好话，也会因为阴差阳错而变成坏话。而这时，就需要我们掌握好说话的尺度，只有这样，我们才能及时避免话语中出现的疏漏。

我们劝解或者批评别人时，要有理有据，要找到一种能让对方接受的方式。只有这样，我们才能达到劝服别人的目的。

在进行批评时，最好先适当地表扬对方，通过提及对方干得好，而使对方认为并非自己全都不对，从而改善气氛，以保护他们的自尊，使他们感到既愿意又有能力去改进。

现代社会，是一个人际关系复杂、交际活动频繁的社会，高情商的人无论走到哪里都会受到欢迎。掌握好说话的"度"，即使是在批评人的时候，也能把批评的话说得动听，而且还可以让对方毫无怨言地接受，只有这样，才能走进对方的心，成功完成语言上的华丽转身。

给足对方面子，沟通自然水到渠成

人都是有自尊的，越是有能力的人自尊心越强，越好面子，他希望得到更多人的认可和赞同，他会非常在意由自己的一贯形象而带来的一切社会效应，并加以维护。因此，在寻求别人的帮助时，如果能巧妙地利用对方"好面子"的这个特点，就能为自己在说服对方的路上铺桥搭路！

张飞宇是一位轮胎厂的实习业务员。无意中他得到了当地一位汽车生产厂家总经理的名片。经过多方打听他发现，这个汽车生产厂家规模不大，但是轮胎需求量却非常大，因为他们家在下线还有二级经销商，因此他非常希望能得到来自这家汽车厂家的订单。

但是张飞宇只是一个入职不到三个月的实习业务员，如何有能力去说服这个总经理呢？因此，张飞宇想到他们部门的销售冠军史翔，只有他才有把握说服自己的这个难搞的客户。但是，史翔这个人为人非常傲慢，从不轻易帮助别人，即使是经理要求他做什么事情，也要看他的脸色。

中午天气非常热，大家都不急着出去跑客户，一个个都在办公室里喝水，聊天。

"唉，昨天遇到了一位有史以来最难缠的客户！"张飞宇唉声叹气地向大家说。

"怎么了？你最近业绩不错，什么样的客户能把你难成这样？"大家都关切地问。

"我是说真的，这位客户思想非常顽固，态度强硬。我敢说咱们公司没有人能说服得了他！"张飞宇继续添油加醋。

"小张，说大话可不能不考虑后果呀！咱们公司可是卧虎藏龙，人才辈出，我就不信没人能'制服'得了他！"公司里业绩一直名列前茅的孙伟说。

张飞宇明白孙伟的意思，但是他打定主意要公司的销售冠军史翔帮助自己，因此故意说："孙哥，别说你了，就连咱们公司的销售冠军，我敢说都没把握把那人搞定！并且那个客户还放出话来，说咱们公司没有有能力的人！"

听了张飞宇的话大家纷纷把目光转到了一直没有说话的史翔身上，气氛有那么一分钟的尴尬。只听史翔缓缓说道："谁说咱们公司没有有能力的人了，这话是那个客户亲口说的？"

张飞宇见终于打开了史翔的话匣子，故作镇定地说："当然是他说的，是他把我撵出来的时候对他身边的员工说的！"

见张飞宇这样说，史翔再也按捺不住心里那团高傲的火焰："这个周末我不休息了，陪你走一趟，我就不信说服不了他，看他还敢张狂！"

在史翔的帮助下，张飞宇顺利说服了那位客户，签下了那笔订单。

正是由于张飞宇善于利用史翔争强好胜、好面子这个特点，言谈话语间含沙射影，才能顺利地说服他帮助自己。

王乐是一位总经理助理，人长得斯斯文文的，却非常能干。有一次他陪总经理跟一个大客户吃饭。经理好话说尽，该做的承诺也都做了，但是那位客户就是吹毛求疵，不肯在合同上签字。

没有办法，总经理就只能用一些轻松的话题把他的注意力拉到吃饭上面，避免冷场。

席间那位客户赵总说起了"炸弹"这个啤酒。他说："这个酒是一种德国生产的啤酒，酒性比咱们的白酒还要烈，就连我这个号称'喝遍天下无敌手'的人也最多喝一杯就倒了。我敢说，在座的各位没有一个能喝完一瓶的！"

听了赵总的话，王乐自告奋勇地站起来说："赵总，如果我能喝一瓶的话，您有什么奖励？"

赵总见王乐从吃饭到现在一直滴酒未沾，即使是能喝酒，看他那文弱的样子，酒量肯定也好不到哪里去。

因此就信誓旦旦地说："如果你能喝了这瓶酒，并且喝不醉的话，我立刻跟你们公司签约。在座的各位都能给我做证！"

听了赵总的话，王乐拿起酒瓶子一饮而尽，整个过程用了不到二十秒，而且喝完了还能跟大家开玩笑。

原来，王乐在来现在的公司做助理之前，一直在德国的啤酒公司做销售。这个酒正好是当时的厂家生产的，自己早就喝过不知道多少回了，对它已经"免疫"了。

赵总见王乐真的做到了这些，震惊之余，只好乖乖地兑现了诺言，与他们公司签订了合同。

正是由于王乐在自己有充分把握能获胜的情况下，懂得利用客户"好面子"的心理，才能够顺利地与他们签订合同。

其实，在我们的日常生活中，好面子的人比比皆是。在中国社会，如果是遇到"下不来台"的场合，人们情愿损失一部分利益，也要维护自己的面子。

因此，如果你在说服别人时遇到了瓶颈，不妨试试这一招"逼上梁山"，也许可以起到决定性的作用！

客套是一种礼貌，更是高效沟通的技巧

如果你足够细心，定能从生活中发现一个规律：那些情商高、人缘好、走到哪儿都受欢迎的人，特别会说客套话。别小看客套，它其实是语言艺术的一种，包含着客气、谦卑、热情，也显示着对人的尊重。

但凡有教养的家庭，大人在教育孩子的时候都会嘱咐一句"见了人要打招呼"，借用别人的东西要说"谢谢"，不小心碰了人家要说"对不起"。实际上，这些最基本的礼貌用语都可以归为客套话，它体现的是一个人良好的修养。

然而，有些人本身素养不错，也很善解人意，可就是输在了不会说话上，尤其是不会说客套话。在交际中，遇见事情的时候总是不知该说什么，结果，明明是一片真心，到最后却不被人懂，甚至被误解成冷漠。

小王是一个程序员，作为技术员他平时和人打交道不多，回家后也大多是玩游戏。可以说是一个十足的"宅男"。所以他的朋友不多，算上我总共也就只有几个朋友。因为他和社会接触得不多，交际也就变得很少，因此，对于客套话这类的话语更是不太熟悉，可以说就是一个不会说话的人。

有一个朋友去做阑尾手术，术后在病床上休养，小王就去看望他，见这位朋友躺在病床上虚弱的样子，小王没有说一句话，只是握着他的手。之所以没开口，小王肯定是因为当时顾虑太多：说客套话吧，自己不太会，也表达不了心情；不说话吧，又有点尴尬。所幸去的时候带了一束花、一些礼物，不至于显得那么别扭。坐了一会儿之后，小王就离开了医院。在整个过程中，两人真的一句话都没有说。

　　这位朋友知道小王性格一向如此，也没责备。毕竟，这样的沉默比虚情假意的关心要诚实许多。可话说回来，平日里接触的不一定都是懂得小王的人。不懂得表达自己的心意，甚至连一句普通的客套话都说不出口，终究还是让人觉得有点"不会办事"，至少没有达到理想中的安慰病人的效果。

　　人在生病的时候，情绪往往不稳定，焦虑、沮丧、悲观时常来叨扰内心，惹人胡思乱想。况且，医院的环境比较封闭，四周全是单调的白色，时而还会听到邻床病友们的一些"坏消息"，令人惴惴不安。为了缓解病人的情绪压力，让病人放下心理包袱，在探望病人时说两句充满真情和祝愿的客套话，是必不可少的。

　　一位大学老师在一次体检时查出患有乳腺癌，近期在医院做了手术。术后的几天，不少亲戚朋友都来看望她。她的同事刚一进病房就先笑，坐到床边握着她的手说："我听说你得了点小病，这几天学校的事情特别多，拖到现在才来看你。"

听对方说自己得的是"小病"，这位老师刚刚还阴郁的脸，顿时露出了一丝喜悦。同事连忙又说："我看你的气色还不错。像咱们这个年纪的女人，得这病的人还真是不少，去年我们家邻居也是这样，做了手术之后，回去养了一个月就好了，一点儿事都没有。"这位老师本来心里对自己的病还有点担心，听同事这样一说，心里舒服多了。

同事看到床头放着一本书，随手翻了翻，感叹道："我真羡慕你呀，还能在这里看看书。有时候，我都想到医院里来'躲'上几天，抽空读读书、看看电影，现在每天家里家外忙得我呀，一点儿闲工夫都没有。"老师的女儿在一旁听着，不由得笑了，心想：这个阿姨真是会说话，难怪母亲平日里老念叨跟她聊得来！

临别时，同事又说道："顺便告诉你一下，我爱人他们单位发了两张话剧的票，恰好是一个月之后的，到时候咱们一起去看！你好好养着，我过些天到家里去看你。"同事走了，可她说的这些话却像阳光一样，让这位老师心里暖暖的。

客套不是虚伪，是礼貌和尊重。无论生活还是工作，都需要语言作为纽带。情商高又会说客套话的人，处理人际关系总能游刃有余，让人喜欢听、愿意听，提出的意见或建议也更容易为人所接受。情商低而又不会说客套话的人办起事来就略显尴尬了，可能会造成不必要的误解，出现人际关系障碍，时间一长，就会给人留下不好接触、不会处世的印象。

客套话说起来要给人由衷之言的感觉，字字句句透出真诚，而不能让人觉得是虚情假意的恭维。有时，客套除了用语言以外，还可以借助眼神、手势，总之要透出礼节和诚意。

想让别人怎么对你，你就要怎么对别人。客套看似平常，却可以把交际中的人际关系引入一个良好的互动中，像柔风一样暖人心窝。

幽默的语言，
是高情商最淋漓尽致的表现

锻造自己的幽默，形成鲜明的个人特色

俗话说，"师父领进门，修行在个人"，模仿与学习只是开始而非结束。若想把幽默锻造成个人品性中的一把利器，只有将幽默和个人特点融为一体，自成一家，才能所向披靡、战无不胜。

明末清初的戏曲家李渔曾经说："妙在水到渠成，天机自露，我本无心说笑话，谁知笑话逼人来。"这句话说的就是幽默的最高境界——真实自然、不做作。不过要想达到这种水到渠成的效果，需要把幽默融入个人品性之中才能做到。一个高情商的人，能充分消化吸收技艺性的幽默，并结合个人特质，就可以逐步形成融合了个人特色的幽默风格。

说起幽默，它并没有什么好或者更好之说，因为适合自己的就是最好的。

美国总统柯立芝最初的职业是律师，这让他形成了严谨的处事风格。当然，并非严肃的人就不懂得幽默，柯立芝在当选总统后，他的谨言慎行也盖不住他那极富讽刺色彩的幽默风格。

因为柯立芝不怎么喜欢讲话，很多人都以能和他沟通为荣。在一次聚会中，有一位夫人坐在柯立芝身旁，她希望能和柯立芝多交谈几句，这样就能显得自己与众不同。她开口向柯立芝说道：

"柯立芝先生，我和别人打赌，我一定能让您说三个字以上。"

柯立芝立刻回答道："你输了！"

还有一次，一位社交界的名媛和柯立芝并肩而坐，她在口若悬河地高谈阔论，然而柯立芝一言不发。她只好对柯立芝说："柯立芝先生，您的话真是太少了。我今天一定要让您说两个字以上。"

只听柯立芝总统咕哝着说："徒劳。"

这便是柯立芝的风格，不鸣则已，一鸣惊人。他在保持自己风度的同时，还流露出潜在的幽默。

文学大师钱锺书先生也同样具有个人风格鲜明的幽默，并且其幽默经常引经据典，体现出一种独有的大智慧。他的许多幽默段子简直是神来之笔，就像小孩子般顽皮，天真自然。就以他的作品《围城》为例，风趣和幽默俯拾皆是。

书中提到："房子比职业更难找，满街是屋，可是轮不到他们住。上海仿佛希望每个新来的人都像只带壳的蜗牛，随身带着宿舍。"

当调侃方鸿渐购买假文凭时，钱锺书写道："这一张文凭，仿佛有亚当夏娃下身那片树叶的功用，可以遮羞包丑。"

钱锺书的幽默无不浸透着思想以及文学的气息，充溢着关于人性和社会的真知灼见，令读者一边大笑一边沉思。他的幽默符合他文学大师、语言大师的身份，每个字词都充满了他对人性的态度和对当时男男女女的嘲讽，这些都已成为其独特的标签，无人可以超越。

马克·吐温也是一位幽默大师，他在生活中的行为举止就如同他的小说作品中刻画的人物，在怪异中显露出幽默与讽刺。

马克·吐温日常穿着非常随意，其妻常为了他外出做客时不穿衣领、不打领带而发牢骚。有一天，马克·吐温照旧这样外出归家，妻子依然对他的服装唠叨和抱怨起来。

马克·吐温实在忍不下去了，他找出一个领子和一根领带，并且认真包起来，然后派人把它们送到刚才做客的朋友家去，并附上了一张纸条。纸条上写着："在刚才拜访您的半小时中，我没有穿衣领，也没打领带。现特地送上这两样东西，请您对着它们看半个小时，然后再给我送回来。"

看得出，他是不满夫人的抱怨和唠叨，因此使用这种幽默的方法来解决问题。没准他的小说中充满幽默的根源就在于他自己的生活。

在当代社会，凡事都讲究包装以及推销自己，这就需要提高自己的辨识度，并且最大限度地让自己的一切个性化。幽默也是一样，就像借来的东西最后得还回去，只有达到"一切都是我的"之境界，才能称得上是真正高情商的"幽默达人"。

幽默地道歉，更容易获得对方的谅解

在日常生活中，没有人能做到不犯一点儿错误。犯错并不可怕，但可怕的是，那些情商低的人在犯错后，不知道悔改，而是死不认错。我们要明白一个道理，与他人打交道时，若是自己做错了，就向对方认错。不要觉得这是什么丢人的事情，若是觉得有些磨不开面子，或怕对方不接受道歉，那就要学会为道歉披上幽默的外衣，这样，对方就会在会心一笑中，接受你的歉意。

有一个人在路上骑自行车，结果不小心骑到了道路的左边，正巧和迎面而来（骑自行车）的一位男青年相撞。

估计那位男青年被撞痛了，火气很大，张嘴就嚷："你学过交通规则没有？骑车为什么不靠右边走？"面对男青年的盛怒，这个人却不慌不忙地笑着说："要是所有人都靠右行，那么左边的路不就空着了！"

这句地地道道的"幽默狡辩"把男青年给逗笑了，也把他自己的过失给冲淡了，男青年满肚子的火气似乎都随着笑声消散了。

然后，靠右骑的人又微笑着向男青年表示道歉，男青年愉快地接受了，客客气气地道别之后，两个人各自回家了。

一场可能发生的冲突，就这样被一句幽默给排解了。

有一次偶然的机会，马克·吐温与雄辩家琼西·得彪同时应邀参加一个晚宴。席上演讲开始了，马克·吐温妙语连珠，情感丰富地讲了 20 分钟，赢得全场观众的热烈掌声。

轮到得彪上台演讲时，他突然发现自己的演讲稿不知去向了，要是硬着头皮凭记忆讲下去，不但会远远输给马克·吐温，而且自己在公众心目中的形象也会因此大打折扣。

稍作思考之后，得彪站起来走到台上，看着台下众多的听众，面带难色地说道："诸位，告诉大家一件事情，在演讲前，我和马克·吐温先生相互调换了演讲稿，以此来展示彼此出众的演讲技巧。刚才精彩绝伦的演讲，正是出自我的演讲稿，很感谢大家那么热烈的掌声。但很抱歉，我把马克·吐温先生的演讲稿弄丢了，不能替他演讲了。请诸位原谅我的冒失，并允许我坐下。"

场下的观众先是一愣，旋即爆发出热烈的掌声。

马克·吐温精彩的演讲使得彪处于一个心有余而力不足的位置上，聪明的得彪避开正面锋芒，利用一个幽默的"谎言"巧妙地掩饰自己的过失，甚至在某种程度上超过了马克·吐温。

同样是药丸，外面裹上糖衣的药能让人更轻松入口。同样，出现过失的时候，与直接道歉相比，幽默地为自己解释更容易让人谅解和接受。

幽默而巧妙的道歉，能够挽救友谊危机，化解尴尬气氛，继而巩固友谊，推进新的人际关系的发展。不过，道歉也是需要技巧的，比如，温斯顿·丘吉尔对亨利·杜鲁门的第一印象十分不好，后来他告诉杜鲁门，自己曾一度严重地低估了他。他仅用了一句高明的恭维话就表示了自己的歉意。

　　我们在认错的时候，需要注意认错越及时越有效果。我们很难想象在几十年后才说"对不起"会发生什么事情。当然，认错的最佳时机还应该选在双方都心平气和的时候，这样对方更容易接受你的道歉。此外，认错并不是等对方开始责备再道歉，这时候你已经激起了对方的怒火，因此，我们需要先发制人，率先批评自己，再加上风趣的言语，这样对方就不好意思再责备你了，也会宽容你的错误言行。

用幽默替朋友解围，缓解尴尬于无形之中

林语堂先生说："幽默是一种人生态度。"幽默的语言能使紧张的气氛顿时显得轻松活泼，化解交际中的尴尬情境。在日常工作中，幽默的语言风格无处不在，它成了我们与上司、同事交际的调节剂。其实，幽默本身就具有一种特性，一种令人愉悦的特性；幽默感更是一种能力，它能有效地影响他人的心理，增进人与人之间的关系。有时候，身边的朋友或同事会陷入某种尴尬中，我们就需要运用幽默的语言来为他人解围了。当面对一些充满恶意的语言或尴尬的场面，我们不需要硬碰硬，而是应该换个角度看问题，用幽默的语言来应对，这样就能够帮助他人摆脱尴尬处境，使整个气氛变得轻松愉快。

在日常生活中，幽默是化解尴尬的良方，幽默的语言往往能够令人化怨为喜、开怀大笑，从而达到为他人解围的目的。当然，幽默的语言并不是油滑、浅薄的耍嘴皮子，而是一种智慧，它在传达信息的同时，还可以随机应变，往往能够帮助他人在瞬息之间摆脱窘境。或许，我们身边的人不善于言辞，常常令自己陷入难堪的境地，这时，身为朋友的你就要发挥幽默的天赋了，说上几句妙语，就能够令难堪的人缓过神来，摆脱尴尬的境地。所谓"帮人即是帮己"，你若是仗义帮他人解围，定能够赢得他人更多的信任。

有一位老师到某大学中文系举办讲座。当他站到讲台上时，发现自己的演讲稿落在了一个学生的座位上。这位老师走下讲台，准备去拿演讲稿。可刚下了一个台阶，他就踩空了，一下子栽倒在地。学生们看到后，都偷偷捂着嘴笑了起来。那位老师脸红了，这时，与老师一同前来的同事接过了话筒，指着台阶说："你们看，上一个台阶多么不容易啊，老师想告诉我们这样一个道理：生活不容易，作诗也不容易。"那位同事的话语顿时赢得了台下学生的掌声。

　　那位同事接着说："一次不成功不要紧，再努力！"在他说话的同时，那位老师已经恢复了平静，微笑着走上了讲台，继续开始自己的讲座。

　　那位同事通过幽默，巧言化解了老师的尴尬。当然，在这个过程中，相信那位幽默的同事也给下面的学员留下了深刻的印象。幽默是一种说话的艺术，需要我们注意在特定的场合中察言观色，适时幽默几句，这样就能有效地帮助他人摆脱尴尬和窘迫了。事实上，生活中的任何事情都包含着两面性，其中的对与错、利与弊都是相对的。因此，在帮助他人解围的时候，我们需要辩证地看待问题，扬长避短，这才是幽默打圆场的技巧。

　　理发店新来了一个学徒，在学习了三个月后，这位学徒正式开始给顾客理发。学徒给第一位顾客理完发后，顾客看了看镜子中的自己，说道："我觉得这头发还是理得太长了，应该再短点。感觉没怎么理啊！"学徒听到后，不知道该说怎么，低着头一言不发。站在旁边给另外的客人理发的师傅立刻笑着说道："现在都流行这个发型，这才显得您紧跟潮流。"顾客听了，顿时觉得自己有一种时尚感，很高兴地走了。

学徒又给第二个顾客理发，他记得第一位顾客嫌头发理得长，因此将这位顾客的头发理得很短。当理完后，顾客对着镜子看了看，说道："头发怎么理这么短，都快成光头了。"学徒听了又吓得低下了头。旁边的师傅立刻又笑着说道："头发短一些人才显得精神。您看您现在，精神焕发。"顾客听完后，挺了挺胸，觉得自己很精神、很有气质，满意地走了。

学徒又开始给第三位顾客理发，这次他不知道是理得长些还是短些，因此小心翼翼，理一点，就观察观察，结果花了很长时间。结束的时候，顾客抱怨道："理个头都花这么长时间。"旁边的师傅赶快又解释道："头发是什么，那是'首脑'啊，这可是咱的门面。为了让门面好看，咱必须重视啊！"顾客听了，大笑而去。

学徒给第四位顾客理发，他又怕顾客觉得时间长，十几分钟就理完了。理完后顾客说道："这理得太快了啊。是不是糊弄我呢！"旁边的师傅赶快又解释道："现如今，国家不都讲究提速嘛。咱也紧跟时代，尤其是这'顶上功夫'，更得速战速决，不能耽误您的时间啊。"顾客听了，欢笑告辞。

在这个故事中，师傅真是能说会道，机智灵活，每次都能用幽默的语言为身边的学徒解围，巧妙地打圆场。而且，每次幽默的解释都使那位学徒摆脱了尴尬，同时，也让顾客转怒为喜，高兴而去。以幽默的方式帮助他人解围，这需要我们从善意的角度出发，以幽默的话语缓和紧张气氛、调节彼此之间的人际关系。这对于我们增进与他人之间的关系大有裨益。

幽默的女人，最能体现出儒雅与得体

幽默能让大家感到轻松愉快，善于运用幽默的女人会让自己妙语连珠。在与人相处的过程中，真正的幽默既要得体又要让对方体会到自己是在明确地示好，而不是让人感觉你的低级趣味。如果运用得好，友善的幽默会在第一时间营造出一个愉悦的交际氛围。

每天早上上班高峰期公交车都很拥挤，有时候几乎是人贴人，每个人都不得不忍受这种"亲密接触"。

张春蕾个子不高，被挤得受不了了，又看见身边的人都紧锁眉头，于是计上心头，喊道："喂，朋友们，大家都吸一口气，缩小些体积，我被挤得快成相片了！"

被挤得愁眉苦脸，甚至想发火的人们听到此话都忍不住露出了笑容，还有的人"扑哧"笑出了声。自然，张春蕾身边的人主动为她挪了一点儿地方，让张春蕾缓解了被挤的痛苦。

张春蕾用自己的幽默，不但达到了目的，还让车内的人心情转好。在社交中，一个轻松的玩笑，可以让彼此都松弛下来，也会让气氛变得更加活跃。因此，幽默的人，常常都会受到人们的欢迎和喜爱。

百货公司大减价，购货的人又推又挤，每个人都被挤得憋了一肚子火，说是一点就着也不为过。有一位中年女士愤愤地对收银小姐说："幸亏我来到你们商场并不是来买'礼貌'的，否则我肯定空手而归。因为你们这儿根本没这个东西。"收银小姐先是沉默了一下，然后礼貌地说道："这位女士，那请问您可否让我看一下您的'礼貌'，然后我们好去进货呢？"那位女士愣了片刻，笑了。一场冲突就这样被化解。

这名收银小姐用俏皮幽默的玩笑话，让原本紧张的气氛顿时友善活泼起来，也避免了原先有可能会发生的争执冲突，可谓是一个善于运用幽默的聪明女人。

友善的笑话不仅能够化解陌生感，还能够化解人与人之间生硬紧张的情绪，有时还能够化解矛盾。需要注意的是，女人在开玩笑的时候一定要把握好幽默的度，不要弄巧成拙。玩笑一旦开得不好，幽默过了头，友善的效果就会适得其反。

一位年轻画家最近找到了一处新房，准备搬进去前对好友说："我打算将墙壁好好地粉刷一下，然后在上面画几幅画，你们看行吗？"

深知年轻画家水平的好友，都暗暗发笑。有个朋友心直口快："就你的画画水平，还是别献丑了。"画家听了面露不悦。

这时，画家的女朋友善意地开了个玩笑："我看你还是先画几幅画，然后再将墙壁好好地粉刷一遍。"年轻画家听了一笑，要在墙上画画的念头就此作罢。

人的幽默一定要优雅得体，开玩笑的时候也是一种对自己美好形象的塑造。如果幽默者的思想情趣与文化修养高雅健康，说出来的玩笑话就容易显得友善。幽默内容粗俗或不雅，固然也能博人一笑，但过后就会让人感到乏味无聊。只有内容健康、格调高雅的幽默才能给人精神享受，还能让人事后回味。

　　真正友善的玩笑能够瞬间消除双方的心理隔阂，能让大家相谈甚欢。情商高的女人也是一个幽默艺术家，一个小玩笑就可以为大家营造一个融洽、欢乐的氛围，别人怎么会不喜欢这样的女人呢？

幽默的语言，最能带来快乐的人生

人一生要经历很多的事，这就需要我们拥有一份阳光的心态，只有快乐的人才能活出真正快乐的人生。悲观者说："蔷薇有刺。"而乐观者说："刺里有蔷薇。"每天给自己一个希望，每天都会拥有好心情。正是因为有了这种积极乐观的态度，我们才能在人生长路上砥砺前行。

李婕在一所学校面试时被问到了这样一个问题："请问，为什么你要选择教师作为你的职业？"

李婕心想：如果自己说因为喜欢孩子或是因为教师是个神圣的职业之类的话，那就太没创意了，也不会给考官留下深刻的印象，于是李婕灵机一动，回答道："小时候我曾立志要做伟人的妻子，长大以后才发现，我这个理想是不大可能实现了，于是我改变了主意，我决定成为伟人的老师。"

这一番话，让现场的考官忍俊不禁。几天后，李婕顺利地被录取了。

幽默的语言风格需要我们不断地经历事情来塑造。多经历，才会感悟越来越多的人生哲理。只有如此，我们才能发现人生中的美好，才会对说话之道有更深层次的了解。

我们手上掌握着人生的遥控器，可以随时切换到快乐频道，让我们的人生继续精彩。

有位女性作家写了一部轰动全国的长篇小说，有一位书评家此前很喜欢这位女作家，并向她求过婚，但被拒绝了，因此怀恨在心。在这部书热卖时，他不断诋毁这部作品，同时也诋毁这位女作家的才能和为人。

有一次，作家协会举行了交流会。会上很多同行都对女作家表示赞赏，称赞其作品的伟大，女作家一一表示感谢。而就在这时，这位书评家大声地问道："你这部作品确实很不错啊，不知道是谁做的你的代笔啊？"

当时女作家还沉浸在一片赞誉声中，听到这位书评家尖刻的提问后，瞬间愣在了当场。此时很多看热闹人的纷纷围了过来，女作家知道这时候争吵只会让自己陷入更多话题，并非是解决问题的好办法。于是，她冷静下来，微笑着对这位书评家说道："很感谢你对我这部作品这么高的评价。但您能否告诉我，是谁替您读的这部书呢？"

随机应变，随性幽默，往往能迸发出无坚不摧的力量。

每个人都喜欢和乐观的人交流，因为他们积极的人生态度和乐观的情绪能感染我们，让我们也心情舒畅。而往往乐观的人都具有幽默的品质，他们用自己幽默的语言带给大家欢乐，用乐观的心态感染每一个人。我们也应该向他们学习，才能让自己的语言变得幽默，心态变得乐观。

巧用幽默语言，化解职场中的冲突

因为缺乏深入了解，无法及时沟通，人们在职场中不可避免地会发生或大或小的冲突。这些冲突大多是因为一些小事，或引发歧义的一个动作，或不合时宜的一句话，抑或是理解上的偏差，但若不能及时处理，就会引发更大的麻烦。

当职场冲突无可避免时，高情商的人懂得运用幽默的语言去化解，将自己从冲突的边缘解救出来，远离危险的旋涡。

在职场中，人们常常会遇到这种情况：自己不愿意做某件分外的事情，可是领导提出了要求，如果直接拒绝，不免得罪领导，甚至产生冲突；如果选择接受，内心又极不情愿。无论进或退，都令人为难。在这种情况下，你可以运用幽默的语言巧妙拒绝，相信领导会在笑声中理解你的意思，而不至于产生误解。

范丽丽是公司新入职的员工。一天，她端着一杯水从茶水间走出来，正撞上风风火火的企划部经理。水洒了经理一身。

"丽丽，你也太不小心了。"从茶水间走出来的陈明大声埋怨。

范丽丽本想道歉，但听到陈明的话，顿时感觉心里溢满了委屈。明明是经理匆匆撞了过来，陈明却不明就里，大声斥责自己。范丽丽忍无可忍，准备与陈明辩解。

"这事不怪丽丽，是我走路风风火火，没注意周围，碰洒了丽丽手里的水。现在浇了一身，果然没了火气。"经理一番幽默解说，让范丽丽忍俊不禁。她明显感受到了经理的歉意，不想再与陈明争辩了。

陈明闻言也笑了，有点尴尬地看看范丽丽，急忙点头致歉。于是，一场即将爆发的冲突被经理幽默的话语轻松化解了。

经理机智幽默，主动把责任揽到自己身上，照顾了范丽丽、陈明的面子，让双方化干戈为玉帛。这一做法充分展示了一个领导者的高情商，值得所有人学习和借鉴。

许多职场冲突都源于冲动与误解，当一句有歧义的话脱口而出时，当不经思考就做出某个令人误解的动作时，当场面最终陷入紧张时，职场冲突就会一触即发。与其过后追悔莫及、狼狈道歉，不如一开始就用幽默圆场。

马场老板带着新来的女员工骑马巡视马场。走着走着，眼前出现了两匹马，一公一母，没一会儿它俩竟然交配起来。马场老板见状，笑嘻嘻地对女员工说："你看啊，那正是我想要做的。"

女员工听了并没有发怒，而是哈哈一笑，大声说："那您就尽管去做吧，毕竟整个马场都是您的。"

很明显，马场老板想要趁机占女员工的便宜，说出了很不礼貌的暧昧暗示，但女员工并没有直接斥责，而是故意装糊涂、开玩笑，让马场老板自己碰了个软钉子。这种幽默式的反击应对职场骚扰非常有效，只要抓住对方言辞、肢体的小辫子予以反击，比迎头给他泼一盆冷水更有效果。

　　用幽默化解职场冲突时，要明确自己的目的，并选择适合的技巧，切忌把幽默圆场与耍无赖混为一谈。另外，你要明白"伸手不打笑脸人"，表达幽默时要注意表情和动作，先给对方一个善意的微笑，更容易提早达成和解。

以幽默的心态，应对生活中的不如意

生活中经常会有不如意的事情发生，当面对这些让人不如意的事情时，大多数人或闷闷不乐、或满腹牢骚、或怒发冲冠、或借酒消愁。但假如我们都以这种消极的心态对待世间事，那自己的生活又如何能变得快乐呢？高情商的人，懂得以幽默的心态对待这一切不如意，幽默是烦恼最大的克星，它能改变我们消沉的心情，帮助我们重获自信、激情和兴致，恢复最初的精神百倍、心情舒畅。

挫折既然不可避免，我们不妨换一个角度来看待人生的不如意。就像英国著名作家威廉·萨克雷所说的那样："生活是一面镜子，你对它笑，它也会对你笑；你对它哭，它也会对你哭。"因此，轻装上阵是克服困难挫折的最好方式。幽默的力量在于调节，它能使人领悟到失意或烦恼的真谛，积极创造新的气氛，从而达到心理的平衡。

在美国的大学篮球联赛中，有一位传奇人物，名叫佩迈尔。他曾带领迪鲍尔大学篮球队连续获得39次冠军。而在向第40次冠军冲击时，遇到了空前的惨败。记者们当然不会放过这个绝佳的机会，纷纷采访这位教练此时的感受。

佩迈尔微笑着说："我现在感觉非常棒。我们再也不用背负'蝉联'这个包袱，可以轻装上阵，去冲击下一个冠军了。"

比赛失利本应是令人极其沮丧的事情，但在乐观积极的人看来，失败不过是迈向成功的一级台阶。佩迈尔教练就是一个情商极高的人，他的话幽默中又蕴含着智慧。他说得没错，"蝉联冠军"这个压力让队员们感受不到打球的快乐，而这次的失败却可以让大家放下压力和包袱，轻装上阵，从零开始。他的幽默不仅能够减轻队员的压力，而且有指导实践的意义。

对一时的比赛失利，我们可以豁达地看待，但是，假如要我们去面对可能影响自己一生的身体残疾，可就需要很大的勇气了。

爱迪生有一次乘坐火车时，被人狠狠地打了一个耳光。就是这一个耳光，让爱迪生逐渐失去了听觉。但他却不以为意，面对很多人的惋惜，他幽默地说道："我觉得听不到很好啊。它能让我更专心地工作，而不是把大把时间花在与外界的无聊谈话上。"

伤残疼痛在普通人眼中是那样沉重和苦不堪言。可对有志之士、有识之士来说，乐观面对就能改变生活，他们的幽默达观不仅开阔了他们的心胸，还让他们在痛苦中收获欢乐。

医学研究发现，烦恼对人的危害不可小觑，轻则使人精神不振、情绪不佳、浑身无力，重则使人患各种各样的疾病。因此，只要烦恼产生，就应该想方设法去排除。在排除烦恼的各种方法中，幽默无疑是最有效也最实用的。

俄国著名作家赫尔岑应邀参加一个晚宴，席间被宴会上轻佻的音乐弄得十分厌烦，但他身为贵宾，如果随意离席不太礼貌。苦恼之余，他干脆用手捂住耳朵。

宴会的主人见此，忙上前解释说："对不起，你不喜欢他们演奏的流行乐曲吗？"赫尔岑反问道："流行的乐曲就都是高尚的吗？"

主人听了甚感诧异："不高尚的东西怎么会流行呢？"赫尔岑笑了："那么，流行性感冒也应归类为高尚吗？"说罢，他起身离开位子，躲到角落里去了。

虽然对轻浮的音乐不胜其烦，但赫尔岑并没有选择直接抗拒的方式，因为那样不仅显得他没有涵养，而且还会使宴会的主人尴尬。于是，聪明的赫尔岑选择了幽默的方式，将轻佻的音乐比作流行性感冒，不仅缓解了自己不堪忍受的烦恼，也间接表达了内心的不快。

生活在人群中，谁也免不了应对复杂的人际关系。时间一久，我们自然会对这种应酬感到厌烦，但却又找不到合适的理由拒绝，所以非常烦恼。

英国诗人罗伯特·勃朗宁只要沉浸到创作中，他就什么都顾不得了，而且从不知厌倦。但是，他这个人有一个特点，就是非常憎恶一切无聊的应酬和闲扯。

一次，他去参加一个聚会，而聚会中有一位先生大概对诗也很有研究，因此向勃朗宁提了很多对于他的作品的意见。勃朗宁觉得这些意见都是无稽之谈，也不知道这位先生什么时候会停止这个话题。他很不耐烦，因此对这位先生说道："请您原谅，先生。我很抱歉占用了您这么长的时间。"

那位先生先是一愣，但很快明白了勃朗宁的意思，于是笑着向勃朗宁告辞了。

勃朗宁幽默地终止了那位不知趣先生的无聊问题。假如他换用直接拒绝的方式，很可能会引起对方的不满。勃朗宁含蓄中略带幽默的话语不仅成功地避开了烦恼，而且使自己全身而退，无法不令人称赞。

平日里，有些人经常会吃人情亏，可为了面子和本着不伤和气的原则，不少人都会选择"哑巴吃黄连"，有苦也不说。在这种时候，要是你能够巧妙地运用幽默的语言，就可以轻而易举地帮自己解决烦恼。

人生中总会出现困难和烦恼。低情商的人会在窘境中挣扎，会因失意而蹉跎，甚至会被突然而至的暴风雨击倒。高情商的人借助幽默乐观的心态，以一种有益的方式对待人生中的困难与烦恼，使自己在人生路上轻装前行，最终通过生活的种种考验。幽默的心态就像一种缓冲机制，使人远离对抗、失望和悲观的情绪；同时也能使人用宽容、发展的眼光看待生活。

在 SAY "NO" 中体现情商，
拒绝了对方还不被讨厌

遇到朋友借钱，怎样拒绝最能体现高情商

在生活中，我们每个人肯定都遇到过朋友借钱的时候。正是因为太频繁了，网络上好多人都有这样的烦恼，因此在微博和知乎上才会有很多人提问：如何能拒绝朋友借钱，还不伤了和气？这的确是一个难题，如果是关系不错，或者信誉很好的朋友，你若是手头比较宽裕，借钱当然没有问题。俗话说，好借好还，再借不难。但是，通常好借肯定不会好还。而最后当你不断催促对方还钱时，不仅损失了金钱，最后两人还会因此失去了友谊。那时，相信很多朋友会后悔，当初要是没借钱给他就好了。虽然大多数人有这样的懊悔，但当朋友开口借钱时，却还是不知道如何巧妙地拒绝，才能避免借钱，同时又不丧失两人的友情。

朋友借钱的时候，直接将拒绝说出口似乎是很多人都难以做到的事情。因为感情因素，或因为个性关系，或因为情势所迫，没有委婉地把拒绝说出来，善良的人常常会违背自己的意愿而借出自己辛苦积攒的钱财。

好朋友借钱一定是有了难处，如果此人信誉一向较好，又是真的遇上了暂时的"财政窘境"，俗话说"救急不救穷"，不妨适当地借给他一些。但是如果对方信誉不好或者借钱的目的含糊其词，就要果断地拒绝了。而在拒绝时，高情商的人绝对不会直接说出拒绝二字，而是会婉转地表达，让对方通过你的语言了解

你的困难，从而打消向你借钱的请求。这样既能达到自己的目的，又不伤害朋友之间的和气。

我前不久就遇到过一次这样的事情。当时新书刚出版，发了稿费，很多朋友来家里要签名书，并且吃饭庆祝。酒过三巡后，一个朋友借着酒劲就向我提出了借钱的请求，而且数目还不小。我问他借钱做什么，他说是做生意。

大家都知道，做生意这种事，谁都说不好。挣了能还上还好说，要是赔了呢？这钱还去哪里要呢。但不借吧，朋友都说出口了，面子上又过不去。

这时，我灵机一动，对他说道："你看，我这房子也是刚买的，而且还是贷款买的。虽然刚发了稿费，但现在你也知道，还有几个人看书，还有谁买纸质书，所以稿费其实并没有多少。我现在手头上这点稿费，仅够每个月还房贷的，余钱也不是很多。这样吧，我先看看我有多少，先借给你一些应应急，要不我再问问我妈有没有余钱吧！"

朋友说："那哪好意思让你动你妈的钱啊！我再问问别人吧！"我就这样巧妙地躲过了朋友借钱的要求。

我因为知道生意不靠谱，借出去的钱什么时候能还上说不准，因此不想借给对方，但又不好意思直言拒绝，这时就要采取婉转的招数。当我们用委婉的语言拒绝对方时，因为显得很婉转、含蓄，所以更容易被朋友所接受。比如，你可以说"你怎么不早点说？我手里的余钱上个月刚给父母更换了老冰箱、老彩电。我真的想借你，可是我真的无能为力"，或者"哎哟，提起借钱的事，我这还欠着别人一笔钱没还呢"。再比如，你可以说"我婆婆生病了，需要用钱"，或者"我弟弟上大学，刚给他交了学费和生活费"，这样说不容易伤感情。

我有一个朋友，叫陈书嘉。他是我的发小，初中毕业后就没再上学了。虽然文化水平不高，但他很有奋斗精神，早早结婚的他向银行贷款做起了小买卖。夫妻两人披星戴月，苦干了两年，终于把贷款还清了，生意做得越来越好，收入也颇为可观，生活自然有了起色。有一次，陈书嘉和我，还有我们另一个小学的同学 S 一起吃饭。这个 S 是个游手好闲的人，经常把钱扔在赌场或者新认识的女友上。前不久，S 新认识不久的女友偷偷卷着他的一大半钱财走了，他去赌场发泄郁闷又输了不少钱，就把眼睛瞄上了刚刚发迹的陈书嘉。

我们正吃着火锅，S 一边吃一边就对陈书嘉说："我最近想开个小吃店，手头还缺七八千块钱，想在你这儿借点周转，过段时间就还。"陈书嘉听完 S 的话，和我互相看了一眼。我俩都了解这个发小的嗜好，知道他说的并不是实情，借给他钱，无疑是肉包子打狗。陈书嘉敷衍着说："好！再过一段时间，等我有钱把银行到期的贷款还完就借给你。银行的钱我可不敢拖，越拖越多啊。"S 听陈书嘉这么说，没有办法，就答应着离开了。

有的时候可以用一些借口推托朋友借钱的要求，或者跟朋友说以后借给他，知趣的朋友也就明白你的意思了，比如可以这样说："哎呀，你说你早开口，我就能帮上你了。这不，昨天我邻居家里老人生了病，急需用钱，就借给他应急了，现在手头没剩下多少了。这么着吧，等他把钱还我，我马上借给你。"

不过，有的时候找借口推托，比如说"我的钱都被父母管着"，只能让对方认为你摆明了不想借给他钱。所以说，如果为怎样拒绝感到犯难，不如直截了当，把你实际的难处说出来，让对方知道你拒绝他的原因是什么，他一定会理解你的。

对于不拘小节、善于幽默的人，可以用一句玩笑话表明自己经济上的不宽裕，比如"你看我的脸干净吧？我的兜里比脸还干净呢"或者"我还想向你借钱呢，现在看来也实现不了了呀"。

朋友既然来借钱，也一定会做好了被拒绝的准备。有的时候，得罪对方的原因并不是你的拒绝，而是你拒绝的方式。拒绝的方式得当，既不会伤和气，也能达到目的。只要多学几招，必定能从尴尬和为难中抽身而出。

先赞美再拒绝，弥补对方心中的落差

在生活中，我们会看到情商高的人在拒绝别人时，总会用一种"戴高帽"的方式达到巧妙拒绝对方的目的。通常情况下，一个人被拒绝之后，心里会产生落差，他会觉得言语或行为遭受了否定，甚至会有一种被遗弃的感觉。这时，他急需一种愉悦的情绪来填补内心的落差，而情商高的人就明白对方这种心理，在拒绝时总会加上几句赞美的话语，让拒绝变得完美。

在这个世界上，每个人都渴望受到他人的赞同与认可，虽然自己某些要求被否决了，但自己的另外一些方面受到了别人的赞美，那何尝不是遭受拒绝之后的一种补偿呢？在生活中，虽然我们都知道拒绝是应该的行为，但我们又害怕拒绝别人，也害怕被人拒绝，无论处于哪一方，都将遭受消极情绪的折磨。在这样的情况下，为什么不能将拒绝变换一种方式呢？在拒绝对方的时候，我们都应该学习情商高的智者，善于采用抬高的方式。

早上，熬了一个通宵的王女士还没起床，就被一阵敲门声吵醒了。她很不耐烦地起床，胡乱穿了一件睡衣就开了门，只见门外站着一个十七八岁的女孩子，正犹豫着要不要继续敲门。王女士上下打量了对方一番，发现这个女孩子穿着T恤和牛仔裤，手提一个袋子，袋子封面上有"某某化妆品"的字样，一看这架势，应该是上门推销的。

王女士有些不耐烦："大清早的，怎么就上门推销东西了？"那女孩子态度很谦和："不好意思，姐姐，打扰你了，我是某某公司……""姐姐？"王女士看着邋遢的自己，好像还把自己看年轻了，那女孩子谦逊的态度，让王女士不好拒绝，但是她平时最讨厌这种上门推销的业务员。她一边听那女孩子推销产品，一边思考怎么拒绝她。

不一会儿，那女孩子就介绍完了产品，然后试探性地问："姐姐，你平时用化妆品吗？"果然，马上就转到正题了，王女士摇摇头说："我白天晚上这样忙，哪里有时间去护肤呢？不过，说实在的，我可是很羡慕像你这样年纪的女孩子，皮肤好，身材好，那可是我做梦都想回去的年纪，可惜已经回不去了。"女孩子害羞得红了脸，说道："其实，姐姐看起来也很年轻的。"王女士笑了笑，说道："像你这样的女孩子就是好，我的女儿也和你这般年纪，正在上大学，青春真是无限好，如果我女儿在家就好了，估计她会对你的化妆品感兴趣，可是怎么办呢？现在我的女儿不在家，像我这样的老太婆，已经用不着了，下次我女儿回来了，一定欢迎你上门推销，好吗？"没想到这样一说，那女孩子一点也不泄气，反而很有礼貌地说："不好意思，姐姐，打扰你了，再见！"说完，就告辞了。

在案例中，王女士就是一个情商极高的人，她本想拒绝上门推销化妆品的女孩子，但看着对方谦和的态度，又不忍心拒绝，怎样拒绝才不至于让对方难以接受呢？她打量了那个女孩子以后，发现对方跟自己女儿差不多，于是，她先是赞赏了对方值得羡慕的年纪，这样"戴高帽"立即给对方带来好心情，然后再适时拒绝，这样的方式也就令对方容易接受了。

一、让对方产生优越的感觉

"戴高帽"，其实就是赞美，或者说夸赞，将别人的地位无形之中抬高，让他产生一种优越的感觉。因此，能有效地弥补其遭受拒绝之后的心理落差。

二、人其实是容易满足的

人总是这样，当他重新拾回了一个苹果，即便他已经丢失了一个橘子，但他内心还是非常愉悦，他们总是着眼于眼前的东西，他们总是容易满足的。对于那些丢失的或者得不到的，也不会特别在意。因此，当我们不得不拒绝他人所提出的要求的时候，若适时说几句好话，定会给对方带去意想不到的惊喜。

把丑话说在前，提前达成"君子协议"

在交际中，人们大都以和为贵，彼此尊重，互相体谅，尽量不说"丑话"。但在必要的情况下，我们要把丑话说在前头，给对方一个心理准备，让他有所警觉。如果忽略了这些，以后出现了麻烦，自己就会给人落下话柄。

很多时候，说丑话不是为了让别人难堪，而是提前达成"君子协议"——在彼此清楚的情况下往来，就可以减少不必要的麻烦。

大学同学罗丹就因为没说丑话而栽了跟头。

她毕业那年，正好一个学长开了家创业型公司，学长知道她有能力，就打感情牌让她跟自己一起干。罗丹脸皮薄，上学期间学长确实也给了她不少帮助，于是她就去学长的公司上班了。

虽说是公司，可加上学长总共就三个人，在他们的不断努力下，公司的业务水平渐渐上来了，这几年公司一直在发展壮大，甚至还得到了知名企业家的融资。可就在公司发展越来越好时，罗丹却被学长踢出局了。

这些年，罗丹可以说是为公司立下了汗马功劳，作为公司的第三个员工，也是联合创始人，她却没有得到公司创立时的任何股份。由于她相信学长的人品，没和公司签订任何协议。所以，就在她向学长提出落实股权的事时，学长不答应，而且还让她另谋高就。可见，把丑话说在前头有多重要。如果罗丹一开始就和学长谈判，要求落实公司股权并签订协议，就不会出现这种事了。生活中不少人像罗丹一样，凭借口头承诺达成意向，结果往往就是哑巴吃黄连——有苦说不出。

交际中，维护好人际关系，归根结底还是为了自己的利益。面对利益问题时，我们不妨直言，不要因为不好意思就把话藏在心里——很多时候，把话说出来才可靠。

"这怎么好意思说啊？说了别人会不会生气啊？"很多人在跟他人相处时总抱着这种心理，宁愿自己受委屈，也不愿意说丑话。事实证明，如此下去，你的心里只会越来越苦。

说丑话是有原则的，不到必要时不要随便开口——如果非要说，就一定要好好说，不能得罪人。

其实，跟人坦白说出自己的想法，是一种很自然的行为。每个人都有自己的苦衷，不能为了维持关系就委曲求全，不说丑话。尤其是在涉及利益问题时，一定要把丑话说在前头。

很多朋友都因为利益问题发生纠纷，最终不欢而散，大都是因为之前话说得不够透彻，后面才一直出现麻烦、矛盾。

责任也一样。一旦需要有人负责时，我们如果没有说丑话，本能地推诿，甚至撕破颜面，大家就会老死不相往来。想想，这是比说丑话更糟糕的后果。

说丑话的方式有很多，掌握技巧后，丑话也可以说得好听，让别人心甘情愿地接受。比如，要注意自己的语气，不一定要一本正经，非常严肃，其实完全可以用开玩笑的语气跟对方说，这样既轻松，又能达到自己的目的。

前两天我买了一套 VR 一体机用来玩游戏，大鹏也想买，就说先借我的体验一下。我买的机子不便宜，给他时就开玩笑地说："这可是我新买的，我还没怎么用呢，要是弄坏了，你可要赔我哟！"

大鹏笑着保证说他一定不会弄坏。

用开玩笑的方式把丑话说在前头，对方不但不会生气，还会用心对待。这就是说丑话起到的好效果。

在说丑话时，你要说清楚前因后果，让对方知道这么做的好处和不这么做的坏处，从而在心理上接受你的丑话。

相反，有些人一开口就是丑话，其他的什么也不说，这样很容易让对方心里不服气。所以，在说丑话之前要多下功夫，跟对方解释清楚——尽量把后果说得严重一些，让他引起重视。

在跟敏感或重要的人说丑话时，语气要诚恳、委婉——如果说重了，对方会承受不住，或者对自己不满。必要时，你要把姿态放低，以此抬高对方，这样他就更容易接受了。

徐峰是一家外贸公司里的部门主管，他虽然职位不高，但资历很深，很多人跟他说话都很小心，生怕得罪了这样的"危险"人物。

有一位同事叫刘江严，他虽然年纪轻，但说话做事很有策略。有一次，他很真诚地跟徐峰说："徐主管，我要诚恳地拜托您一件事：公司制定了新规，谁要是完不成任务，就会扣奖金——您是公司的元老，我就拜托您起好带头作用了。"

徐主管被刘江严几句话就说得非常高兴，他自然也知道自己完不成任务同样会扣奖金的事实，于是欣然地接受了刘江严的"丑话"。

在交际中，很多时候丑话是必不可少的，我们尽量要说好。但是，说丑话也要看对象，针对不同的对象，方式也应不同。

所以，只有掌握了正确的说话策略，才能在办成事的同时又不得罪人，甚至还能体现出自己的高情商，得到他人的欣赏和尊重。

把丑话说在前头就等于给对方打了预防针，让他做好心理准备，这样能维护自己的利益，避免承担不必要的责任，减少麻烦。

面对死缠烂打，拒绝不了就采用"拖"字诀

在生活中，有时候我们明知道所拒绝的对象是死缠烂打的人，但却无可奈何，我们只能以时间拖延法来拒绝，而不宜采用激烈的直接拒绝法。虽然，我们内心对这样的人深恶痛绝，恨不得与之划清界限，远远避开。但是，对于那些死缠烂打的人，一味地躲避并不是明智之举，与其发生激烈的争执，那更是下下之策。本来，他们的心胸就比较狭窄，他们的心思更是猜不透，如果你直接拒绝，或者以不屑的态度拒绝其要求，估计就在那一刻，他们已经将你划分为敌人，并将你列为自己的报复对象。假如他们是小人，那更可怕了。众所周知，小人的手段是变化多端的，他们不仅懂得隐藏自己，而且善于使手段、耍心眼。纵观历史，诸如魏忠贤一类的小人，都曾有过名利双收的风光。试想，如果你曾拒绝过的小人，有朝一日爬到了你的头上，那你将成为第一个被他打击的对象。所以，对于那些死缠烂打的小人，我们不能直接拒绝，更不能与之产生矛盾，可以采取拖延法。

拒绝死缠烂打的小人，最体现情商也最智慧的方式就是拖延。如果你马上拒绝，定然会得罪他们，如果你得罪了这样的人，后果可想而知。一般而言，他们都是独来独往的，因为他们的所作所为使得他们在人际交往中处处碰壁。没有谁认同他们，更没有

人愿意与他们交朋友，他们甚至成了"过街的老鼠，人人喊打"。他们自然明白自己的处境，于是他们对谁都充满了恨意。

小郑是一个年轻教师，这天他找到自己的一个前辈，一名特级教师。小郑表示，他想去观摩一下特级教师的课。特级教师听完后，说："这个当然没问题，不过一堂课要上得成功，让学生、家长和领导们都满意，这就必须符合教改精神，我必须拿出一定的时间，好好研究一下方案。所以，请你给我一定的时间，我才能邀请你来。"

其实，小郑想要观摩这位特级教师的课，正是因为小郑对他充满了尊重。所以，如果这位老师直接拒绝，必然会伤害了对方的感情，让对方觉得自己有些"装大牌"。

正因为如此，这位特级教师就采用了"延时"的拖延方式，先答应下来，但是把时间无限期地延后。其实小郑一定知道，一堂公开课根本不用太长的时间去准备，这位前辈之所以这样说，就是为了拒绝自己，但是又不忍伤害自己。小郑理解到这一点，自然就不会再勉为其难了。

这就是拖延法的妙用。当然，根据场合、受众群的不同，拖延法拒绝还可以分为直接拖延法与间接拖延法，巧妙使用，我们就可以在不伤害对方的前提下，用一种暗示的方法将"不"字说出来！

一、直接拖延法

通常来说，直接拖延法是我们最常见、使用频率最高的方法。直接拖延首先是"择日"拖延，尤其是女孩子在拒绝男孩的邀约时，大多会使用这一招数。

温柔可人的丽娜，是很多男孩子追求的对象。她的邻居大刚，也是众多追求者之一。

这天，大刚买了两张电影票，想要邀请丽娜一起去。还没有准备开始谈恋爱的丽娜，既不愿意去看电影，又不想伤害这个认识了很多年的老邻居，于是就说："大刚，真不好意思，我明天已经有了安排，实在不方便。这样吧，等我哪一天真的有空了，我再告诉你。"

这种拒绝方式，就是典型的"择日"拖延法。因为我们并没有明确到底哪一天有时间，所以就存在很大的不确定性，无形之中这就等于告诉对方：我不愿意去。这样一来，聪明的人就会立刻明白其中的用意，选择放弃。

与"择日"拖延法相似的是"延时"拖延法。延时拖延就是把时间无限期地往后拖，从而达到拒绝的目的。

二、间接拖延法

直接拖延法虽好，但它也不是可以应用到所有场合。通过案例我们可以看出，直接拖延法有一个明显的特点，那就是：如果你在彼此的关系中占据高位，例如丽娜之于追求者，特级教师之于小郑，那么使用起来无妨；但是，如果你属于较低地位，直接拖延法就会让对方觉得你在敷衍自己，反而起不到很好的效果。

所以，如果我们身处低位，那么就不妨采用"间接拖延法"。简而言之，就是"含糊其词"。间接拖延法讲究的就是用一种不确定的语言来搪塞，达到拒绝的目的。并且，对方还不好抓到你的把柄，只能同意你的拒绝。

小霞是一个医院的小护士，经常要照顾一些患病严重的病人。这些病人都有一个习惯，就是总是咨询自己是否还有康复的可能，再住院是否还有必要。小霞总是这样回答："您放心吧，虽然您的病的确有些严重，不过昨晚我还听见医生说，只要您能够配合治疗，那么慢慢地你就能好起来！"

小霞没有直接否定对方，用诸如"您当然不能出院！"这样的语言来告知对方，因为她知道，病人都比较敏感，过于直接的否定，有时会让病人产生强烈的情绪波动，所以，她就用这样一种间接拖延的方式，"听见医生说""慢慢就能好起来"这种含糊其词的表述，拒绝了病人不想再继续治疗，或是提前出院的要求。

所以说，间接拖延法很适合在服务行业工作的人拒绝时采用。当然，在一些公开场合，如大型社交场合等，这种方法也能够起到很好的效果。例如，在宴会上有人向你提问，这时候你可以说："有可能是这样，不过这会儿大家都在一起高兴呢，咱们先喝一杯，晚一点儿再谈！"表面上看，你这是在抵御对方的询问，但因为语言较为生动活泼，所以对方就无法再纠缠，你在无形中也就拒绝了对方的进一步提问。

无论直接拖延法还是间接拖延法，我们都应当学会灵活应用，根据场合与对方的身份做出不同的选择。相信，当我们掌握了这样的方法时，就再也不必担心因为拒绝而伤害对方了。

运用肢体语言，把你的拒绝之意传达给对方

　　任何一种性格的改变，都需要经过一定的时间。短则需要数月，长则恐怕需要数年。对于一些情商不高、无法说出拒绝之意的人，短期之内就能掌握足够的拒绝语言技巧，并且可以灵活使用，这显然有些不现实。

　　那么，我们该如何在改变性格的阶段里，用合适的方法说"NO"呢？巧用肢体语言，不失为一种好方法。

　　有一年，一名国学老师给一家企业做培训。不过，因为飞机晚点，当他到达会场时，已经晚点超过了半个小时。看着早已经坐满的员工，他急忙道歉："真对不起，飞机晚点，让我迟到了。"

　　这时候，这家公司的总裁秘书，小声告诉他说，总裁正在另一办公室等着他。他急忙赶了过去，却看到总裁脊背靠在椅子上，双臂交叉，似乎有些不高兴。这位老师无论说什么，这位总裁都是客气地回答，但手臂一直交叉着，这让老师感到了坐立不宁。最终，总裁虽然答应了他继续上课的请求，但似乎并不是很高兴。

　　最让这位老师感到难受的，还在后头。不知道是不是受到了总裁的影响，台下的大部分员工也如总裁的坐姿一般，都是双臂

交叉，冷漠地听着课。这位老师后来和朋友说："这是我从业以来感受到最艰难的一堂课！我感觉，所有人似乎都在拒绝我，不仅是我传授的知识！那个手臂交叉的动作，让我觉得自己被他们完全挡在了门外！"

这个案例，当然是比较极端的案例。但是从这位国学老师的表述中可以体会到，双臂环抱的确能够给人带来很强烈的距离感，表示出了对方不愿意接纳自己、抗拒自己的情绪。

实际上，肢体传递拒绝的情绪，这早已被科学机构所验证。美国研究机构表示，双臂环抱表示出"需要再考虑一下"的态度，是一种拒绝的暗示信号。这就告诉我们，运用一定的肢体语言，同样可以起到拒绝的效果。

那么，除了双臂交叉，还有哪些肢体语言同样可以传达出拒绝的意思？而在使用这些肢体语言时，又有哪些方面需要注意呢？

一、摇头、摆手

很显然，摇头是最直接表示拒绝的肢体语言。很多时候，如果我们一时无法组织起完整的语言，那么摇头就能够很轻松地表示出拒绝。同样，摆手也是最直接的拒绝方式。可以说，摇头与摆手，是最直观的肢体语言拒绝。与此同时，双手向外推，也是一种表示拒绝的方式。

不过需要注意的是，因为摇头、摆手、推手有时候会显得不太雅观，或表达的情绪太过直接，所以在一些正式场合中，例如商务谈判，这种方式还是尽量少用。

二、撇嘴、耸鼻子、皱眉头

撇嘴、耸鼻子、皱眉头等，这些也都是能够表现拒绝的行为动作。这一类的动作，是人类对于拒绝的自然反应，在我们幼儿时期就已存在。所以，如果想要拒绝，不妨利用这几个姿态。这类姿态，主要用于一些公开场合，例如集团会议等，它既可以表明我们的态度，同时也会让对方快速理解，更能够避免因为语言拒绝而产生的争执，可谓一石三鸟之举。

三、巧用看时间拒绝

一般来说，当我们一遍遍看手表之时，就会给对方带来这样一种感受：此时他还有要紧的事情要做，恐怕我说的事情他根本没有听进去，我的请求估计也很难得到答复。所以，当遇到某个人的请求过于冗长之时，我们不妨利用这种方式，传达出不会接受的态度。

四、左顾右盼

一般来说，在与他人进行交谈之时，左顾右盼是大忌，因为这将表现出你并没有集中精力，带有一定的轻视之嫌。但如果将其用在拒绝之上，左顾右盼反而会起到正面的效果，表示出听不进去，更不愿意接受。所以，适当采用左顾右盼的方法，也能起到拒绝的目的。

五、用冷静的缄默表示拒绝

有的时候，我们遇到了特别难缠的人，普通的行为拒绝也很难奏效，这时候我们不妨使用撒手锏：缄默。

格里利是美国著名传媒人士和政治领袖，因此也经常得罪人，甚至，有一些反对派还会直接冲进办公室，质问他为何要发表某种言论。

有一天，一名反对派走进他的办公室，并且大吵大闹。他指责了许多格里利的不是，还罗列了格里利破坏党以及本市的安全等一系列的罪名。说了好一会儿后，他大叫道："你现在给我停下工作！我想听听你到底会怎么回答我？会有怎么样的解释？"

但是，格里利仿佛没有看见这个人一般，依旧趴在桌子上忙着写稿。那位反对者自然气不打一处来，于是一遍遍地质问他，甚至还破口大骂。但格里利却依旧认真地写稿，没有一丝反应。过了一个小时，那个反对派也觉得毫无意义，只好一个人灰溜溜地走了。

毫无反应，这是一种最冷酷的拒绝，对方会因为无聊不得不放弃。不过需要注意的是，这种方法虽然极具"杀伤力"，但是它太过伤人感情，一般只适用于陌生人，例如一次次上门推销的推销员，或者来找你麻烦的人。对于朋友和家人，万万不可使用。

最后需要说明的是，以上这几种"肢体拒绝法"，虽然都能达到效果，但是它们终究不是常用之道，频繁使用必然会引起对方的反感。我们要做的，还是应该学习和掌握用巧妙的语言进行拒绝，这才是拒绝的不二法门。

岔开话题，让尴尬的局面得以缓解

很多人在一些对自己不利或者难以应对的场合中，就会显得不知所措。而情商高的人面对这种局面时，就懂得巧妙地用语言转移别人的注意力，绕过难说的话来陈述自己的观点，让别人跟随自己的思路。在很多商务沟通中，如果我们也能做到高情商地恰当使用这种技巧，往往能够有效救场。

比如，当对方说："你怎么这样？我都这样和你说了，你还不通融？难道真的以为我们非要和你合作不可？"显然，这时无论你怎么回答，都很尴尬。如果你说"不好意思，你的条件我们公司真的无法答应"，即便你说得非常客气，对方也会因你的拒绝而愤怒，谈判也很可能就此破裂。如果你说"那好吧！但仅此一次"，尽管确实勉强，但对方难免会在心里想"这人真虚伪，说是没有让步的空间，最后还不是让了步！看来决不能相信他的话"。显然，无论是拒绝还是答应，都不利。

面对类似这样的尴尬局面，我们不妨将话题暂时岔开一下，等到氛围以及对方情绪有所缓和后再回到正题上来洽谈。

林子扬是公司的采购部经理，正就原料供给商因农作物歉收要提高价格的问题与供给商谈判。谈判一开始就进行得很激烈，林子扬认为供给商的要求非常无理，而供给商则认为涨价在情理之中，双方都据理力争。

"农作物歉收，我们收购的价格上涨，供给价格上涨也是理所应当的！"供给商说道。

林子扬听了直想笑，说道："农作物歉收就该涨价，按照你的道理，难道农作物丰收就应该降价？可是去年农作物丰收，你们也没提降价的事啊？况且，我们是有协议的。"

"的确，我们是有协议，但是协议不变的前提是无特殊情况。现在情况特殊！"供给商毫不客气地反驳道。

"农作物歉收就是特殊情况？你们这根本就是借口，是赤裸裸地无视协议，是不诚信。"林子扬说道。

听了林子扬的指责，供给商心中的怒火也熊熊燃烧起来，他死死地盯着林子扬，一言不发，仿佛在压抑着什么。

在供给商的目光中，林子扬渐渐地冷静下来，意识到了自己的失态。

"你的态度就代表贵公司的态度吗？"供给商开口问道。

刹那，林子扬不知如何回答。不过，他很快找到了应对方法。他从饮水机的柜子下拿出纸杯，接上水，一杯给自己，一杯给供给商，说道："天气真热啊！开着空调还是让人一身汗。你也热了吧？喝杯水！"

供给商经过一番唇枪舌剑，喉咙都快冒烟了，也不客气，拿起水杯，喝起水来。一杯水下去，情绪平缓了不少。

"我知道，贵公司提出提高价格的要求也是因为碰到了难处。但是，请贵公司也体谅我们的难处，现在经济越来越不景气……"

…………

就这样，林子扬和供给商又重新回到了正途。最后，双方各让一步，林子扬同意供给商提高价格，而供给商则承诺渡过难关后，立刻将价格降低。

在沟通中，眼看好好的商务洽谈就要变成争吵，面对如此紧急的情况，林子扬聪慧地把话题转换到天气上，从而让彼此的情绪都缓和下来，为进一步沟通奠定了良好的基础。

总的来说，尴尬、紧急，你不知应该说什么时，就岔开话题吧。不仅能够缓和沟通的气氛和双方的情绪，而且能够为自己赢得思考的时间，以便更好地进行接下来的沟通。

拒绝时面带微笑，胜过刻板的不近人情

职场上，我们有很多事情需要拒绝；生活中，我们同样离不开拒绝。不过，与职场相比，我们在生活中的拒绝，更应当呈现笑脸相迎这样的特点。毕竟，身在职场，有时候我们的拒绝理由不免很正式、很郑重。但生活却不一样，我们面对的多是朋友、同学、家人，甚至是喜欢自己的人，如果不能做到笑脸相迎，那么必然就会显得过于刻板，过于不近人情了。

生活中，常常会遇到朋友们的各种要求。高情商的人在拒绝时总会尽可能做到带着笑容，用一些风趣而又不失体面的语言把拒绝之意开玩笑似的表达出来，这样不仅不会得罪朋友，还能够缓解尴尬，让彼此的关系更进一步。

大作家雨果成名后，经常收到各种邀请，每天请帖都像雪片一般地飞来，很多朋友都把他列为座上宾。作为一名作家，雨果当然希望自己有时间可以好好创作，而不是每天都疲于应酬。不过，他并不想冷淡地拒绝这些要求，于是，他想到了一个好方法。

这天，雨果拿起剪刀，直接把自己的头发和胡子全部剪得乱七八糟。这时候，又有人前来送请帖，他笑嘻嘻地指着头和脸说："哎，我这样的头发实在不雅，我想，这样去肯定不合适吧？真遗憾！"

看到雨果这个样子，邀请人也笑了，觉得雨果说得没错，于是不再勉强他。用这个方法，雨果拒绝了很多朋友的邀请。而当雨果的头发和胡子再一次长好之后，又一部震撼世界的作品也完成了。

雨果没有用一套过于严肃的语言，而是微笑着就轻松拒绝了邀请，既给自己的创作留下了时间，又没有让朋友难堪，这就是生活中高情商的拒绝。当然，我们不是必须全盘模仿，遇到这样的事情就必须如雨果一般，将自己的头发弄得乱七八糟。我们需要学习的，是雨果的这种心态：微笑着去拒绝。这样，对方的不满情绪就会大大降低。

无独有偶，另一位大人物林肯，同样也是用这种方法，轻松拒绝了朋友的邀请。

有一年，林肯相熟的一家报纸举办活动，并邀请林肯，在编辑大会上发言。不过，林肯并不是编辑，所以他觉得自己出席并不合适。但是，他没有说出冠冕堂皇的话，例如"国会还有事情要忙"之类的，而是给这家报纸的编辑们讲了这样一个故事。

一次，我在森林里转，突然遇到了一个骑马的妇女，于是停下来让路。结果，她也停下来，并一直盯着我看，看得我都有些不好意思了。我刚想问到底怎么了，这时她说："见到你，我才意识到，我终于遇到了世界上最丑的人。"我也跟着笑了，说："是啊，可是，我有什么办法呢？"她说："先生，我教你一个方法。你的容貌当然不可能改变，但是，只要待在家里不出来，就不会有人天天盯着你了。"

听到这里，编辑们也小声笑了起来。而邀请他的那位朋友，也听懂了他的意思，于是不再勉强他在会议上发言了。

林肯虚构了一个故事，并带着笑容对自己进行了一番讽刺，这就会让所有人明白他的拒绝。但因为林肯在拒绝的过程中面带笑容，并且还让大家一起开怀一笑，所以被拒绝所产生的不快，就一瞬间烟消云散了。

所以说，想要拒绝别人，并且希望不会给大家带来尴尬，那么就不妨面带笑容，用一种幽默的语言作为掩饰，让每个人的情绪都得以放松。这样一来，拒绝所产生的遗憾就会渐渐消除，并且，对方还能够完全理解和支持我们的决定。但是，如果我们的态度与之相反，那么效果也会大为不同。

有一年，北京市准备举办一场选秀比赛，一位企业家得知自己的艺术界朋友是发起人后，急忙找到他说："我赞助十万元，让我做个评委怎么样？"

结果，这位朋友面带严肃，说："对不起，这个我不能答应你！我们的评委，必须是我们演艺界人士，你肯定当不了评委，这不是钱的事！"

听到朋友这么说，企业家有些不高兴："有什么了不起的！不就是一个破比赛吗？不要拿着鸡毛当令箭！"

说罢，企业家拂袖而去，找到了同为发起人的另一位艺术界朋友。听完企业家的要求和条件，这个朋友哈哈笑了起来，拍着他的肩膀说："老哥，您这是钱太多了啊！把十万元扔在这个会上，不如扔到河里，还能看到个水漂，比这有意思！"

"你的意思是说，不合适，不值当？"企业家问道。

"是啊，老哥，完全没有意义！"

企业家也笑了，说："哈哈，是啊，那我听你的！"

两种不一样的拒绝方式，造成了两种不一样的结果。试想，如果第一个朋友也能带着笑脸，用巧妙的语言去拒绝，又怎会让企业家感到一丝不快？恐怕此后，他与企业家的关系，也会产生一定疏远。

当然，从这几个案例中可以看出，微笑着拒绝的核心在于：语言同样带笑。也就是说，我们的语言应当充满诙谐与幽默。这种拒绝的语言，在于它不会以直接的方式对人进行拒绝，而是设置了个圈套让求助的人自己钻进圈套中，然后发现自己的请求可能真的是对方不能完成的，因而最终放弃自己的要求。这样的拒绝，不会给任何人带来尴尬。

重要的是，当对方听到这样的拒绝时，会咧开嘴角，面带笑容地接受你的拒绝。所以，当我们无法完成朋友的要求时，不必过于刻板地拒绝，不妨带着笑容，幽默地说明原因。也许，朋友听到后反而会觉得你是一个很会说话的人，不仅欣然接受你的拒绝，和你的关系还更进一步！

说完拒绝的语言，顺便加上你的感谢之情

无论怎样的拒绝，当我们说出"不"字的短暂时间内，彼此都会感受到一丝尴尬。如果彼此双方性格都侧重于内向，那么这份尴尬会进一步发酵，结果二人谁都不好意思开口，四目相对哑口无言。这种感觉，相信没有一个人喜欢。

那么，我们该如何做，才能化解拒绝带来的尴尬呢？有一个最体现情商、最简洁却又最行之有效的方法，那就是表达谢意，说声谢谢。

也许你会有些疑惑："是我在拒绝别人，怎么我还要说谢谢？这不是有些本末倒置了吗？"其实，你根本没有发现，"谢谢"具有很大的魔力，看完下面这则案例，你就会有所启发。

有人说，郭亮就是个"人精"。但是，这个评价绝不是什么贬义词，而是对他发出的赞美。因为，他总是很懂得说话的技巧，哪怕是拒绝别人，也让人听得无比舒服。

郭亮是一家私企的老板，虽然公司不算很大，但因为朋友很多，所以生意还不错。加上他很够义气，为朋友的事情经常会两肋插刀，所以身边有不少好朋友。平日里，他也是经常邀请朋友们聚会，一起聊聊天，喝喝茶。

刚刚认识郭亮的人，以为他是五大三粗、不拘小节之人，但

渐渐接触久了，却发现他是那种粗中带细的真汉子，尤其是在拒绝别人的时候。有一回，一个朋友找到郭亮，想让他帮忙找一家装修队。因为他刚刚结婚所以手头比较紧，所以只好找有关系的公司，这样价格能便宜不少。因此，他就想到了郭亮。

当时，郭亮在电话里说，让他给自己一点儿时间。第二天中午，郭亮专门将朋友约到茶楼，然后还有另一名共同的朋友，说："真是不好意思，哥哥的确在装修行业不熟悉，所以真是帮不上你忙。不过，我很谢谢你这么看重我，装修的事情不是小事，你能想到我，就说明你真拿我当朋友！咱们以茶代酒，我谢谢你！"

朋友听到他这样说，反而有些不好意思了，急忙说："亮哥，你真是太客气了！这事也是我欠考虑！"

郭亮放下杯子，说："咱们都别这么客气了！虽然我的确帮不上你忙，但是我家前一段也才装修完，你可以多找几家公司要一下报价，虽然我没法让你便宜，但是我看看价格，至少不会让你吃亏！"

听到郭亮这样说，朋友更加佩服郭亮的为人。这时，另一个朋友说道："亮哥这人，真是没话说！咱们喝茶，一边喝一边聊！"

说声"谢谢"，这是世界上最容易、最可靠的方法，可以迅速拉近彼此的关系。并且，感谢的语言通常还会伴随着其他的话语，正如案例中的郭亮，在拒绝的过程中表示感激，这已经让对方非常感动，没有一点怨言；而伴随着感谢的，还有提供其他方面的协助，这更让对方无比钦佩。不仅化解了因为拒绝产生的尴尬，还让彼此发现其他合作的可能性，所以一瞬间原本可能会出现的冷场，就这样烟消云散了。

在汉语词典里，没有任何一个词语，可以如"谢谢"一般，一讲出来就能立刻赢得一个人的好感，起到化敌为友、抚平心灵创伤、满足自尊心的作用。毕竟，在某些人眼里，拒绝本身就是一种伤害，倘若话说得不得体，反而会激起两个人的矛盾，甚至大打出手。电视上、报纸中，因为一方不愿给另一方提供帮助而导致的恶性事件我们也是经常看到。

但是，如果我们能将"谢谢"融进拒绝，那么效果就会大不相同。这种拒绝方式，更像是裹了糖衣的药丸，让我们将拒绝原本所带有的苦涩、尴尬彻底包裹，这样当对方听到之时，就不会再感到刺耳和受伤害了。

Part 6

社交中的高情商，
在任何地方你都是最受欢迎的人

塑造一个好声音，增加自己的魅力

我们每个人的吸引力，都可以通过声音、外貌、行为方式和说话的内容等而得到放大和提升。我们要将信息传递给听众，那就离不开声音。我们能否和听众进行充分的交流，这完全取决于我们的口头表达能力和说话的技巧。人们的魅力大小与人说话的声音有着密切的关系。

我们说话的声音其实是随着我们自身的变化而变化的。它对我们如何感知自己、如何感知他人都有着深刻的影响。国外的一家权威调查机构通过问卷调查发现，有高达九成的人都认为，声音是一个人魅力最重要的构成部分。一个人受欢迎的程度和他在社交上是否成功，与他讲话时的声音能否有足够的吸引力有关。其实，对于任何人而言，声音都可以真实地反映出他的教养和品性。

我们可以用自己的声音来争取听众的支持，让他们相信我们，或用声音赢得他们的尊敬、爱戴和信任。当然，我们也可以用自己的声音使听众精神振奋或昏昏欲睡，同时也可以疏远或吸引他们。

在 1939 年的时候，一部依据《世界的战争》改编而成的广播剧，在美国轰动一时。虽然当时广播公开声明说这仅仅是一个戏剧而已，并不是真实事件，可是这家电台的覆盖面很广泛，再加上当时的主播的声音让人心情激动，结果全美国的人都着了迷。有成千上万的人听了这个广播就开始恐慌起来，因为他们相信广播中所讲述的事情是事实，他们觉得人类将要遭到火星人的入侵。

从这一点来看，优美动听的声音对增强我们自身的魅力有很大的帮助作用。

我们可以想想，为什么我们容易信任那些优秀的新闻播音员呢？原因很简单，因为优美的声音能带给人一种享受。声音有着很大的吸引力，所以优美的声音往往能吸引听众的注意力。

当今社会，有很多有才华的年轻人都接受过高等教育，毕业于名牌大学，他们学习着那些呆板而又死气沉沉的语言和语法，学习着自然科学、文学、艺术等多种科目，可就是没有学习怎么才能发出优美的声音。所以，我们从他们的声音中总能听出那些不和谐的音调。甚至有的感觉敏锐的人可能都无法和这些年轻人进行正常谈话。

所以，若声音让人听着不适，即便有再多优点，也会大打折扣。

我们应该让自己的声音成为自身的优势，而不要让它成为我们的敌人。不论我们原来的声音怎么样，其实都可以通过练习来进行改变，从而让它体现出我们的魅力。所以，我们要明白，我们的听众所期待的是什么样的声音，当然就是容易让人听懂的和愉悦的声音。

倘若我们的声音洋溢着纯洁、和谐、生气勃勃的气息，那么它就能强化我们的魅力。倘若每一个音节、每一个字符和每一个句子都能被我们清晰圆润地表达出来，而且显得抑扬顿挫、高低有致，这样的节奏感是非常美妙的。所以，我们要注意训练自己的声音，从而让自己拥有巨大的魅力，让更多的人喜欢我们，或者被我们所感染。

提升亲和力，让所有人都觉得你亲切无比

亲和力，是指与人交往时，一个人所散发出的让对方喜欢、赞赏的吸引力。亲和力在社交中非常重要，它能凝聚交往双方的力量，从而使你的沟通更有魅力，为你建立和谐的人际关系。

无论是在职场竞争中，还是在商业交谈中，或是在与异性的交谈中，具有亲和力的人总是能占据更大的优势。高情商的人都知道提升亲和力可以为自己带来好人缘。

张甜甜就是一个非常有亲和力的人。当时，公司里有一个合作项目，需要张甜甜所在的公关部跟对方洽谈业务，可是部门领导刘经理都跑断了腿，合作还是没谈成。后来，这个任务交给了张甜甜，没想到，她接受任务的第二天合同就签了。

合作公司的经理对公关部刘经理说："你们公司的小张真是太有亲和力了，她那张真诚和甜美的笑脸给我留下了很好的印象，其他人可没有她那样的亲和力呀。"

对此，刘经理专门为张甜甜的事情开了个会——他希望公关部的每个员工都要好好打造自己的亲和力，以便赢得更好的人缘，取得更好的业绩。

刘经理说："没有人会拒绝一张亲切的笑脸，小张亲切的笑容感染了对方。事实上，即便对方最初态度很冷淡，但是你的笑

容可以影响他，让他觉得跟你很投缘。小张的笑脸就是她亲和力的表现，有了亲和力，就能获得更好的人缘。"

亲和力是你获得更多人缘、维护良好交际的法宝，那么，这就意味着在交谈中你必须始终保持自信、积极的心态。亲和力体现在诸多方面，比如，真诚和善、态度谦恭、集体意识强、能与他人同甘共苦等品质。

亲和力是沟通的综合体现。具有亲和力的人，一般都能掌控人际交往，占据优势地位，同时也更容易被对方认可。这是因为，这种人在交际中很容易吸引和感染对方，他的真诚、友善会打动对方，令对方感到亲切，从而影响对方也采取相同的态度对待他。

相反，一个人在与他人交往时如果表现得傲慢、冷漠并充满敌意，那么就会使人感到不愉快，从而不愿意与他交往。但是，一个人在交往中表现得羞涩、唯唯诺诺，这也不是亲和力。因为，亲和力不是退让，而不断地退让并不能保证交际顺利进行。

拥有开阔的心胸是打造完美亲和力的方法之一。宽容的气度可以减少不必要的矛盾和冲突，营造舒适的交际环境，维护人际关系的和谐。

胡锋人缘好，朋友多，大家都觉得他为人处世非常得当，有一种超凡的气度。一次，有一个哥们儿因为嫉妒胡锋的好人缘，跟胡锋的朋友郑钧说了胡锋的坏话，想破坏他俩的关系。

郑钧把这件事原原本本地告诉了胡锋，他觉得胡锋一定会骂那个人，并当面和他对质。胡锋听后，淡定地一笑，说："我俩做朋友也不是一天两天了，你信他的话，那今后就不用再跟我往来了；如果还信我，我们仍然是朋友。"

郑钧听后，非常惊讶，原来胡锋这样胸怀开阔——别人在背后中伤他，他居然能坦然自若。

胡锋接着说："大家都是朋友，何必无中生有地把关系搞得这么紧张？如果当面说破了，你失去了朋友的信任，我与你断了缘分，对谁都不好。"

郑钧听后，更加佩服胡锋的气度。

其实，胡锋能够跟朋友始终保持和谐的关系，得益于他宽容大度、从不斤斤计较的品质。

谦恭和善的姿态是打造完美亲和力的方法之二。这是对别人的尊重，也是对自己品行的要求，我们可以从中看出一个人的境界。这种态度平易近人，可以迅速拉近你与交际对象的距离，提升交际的融洽度。

用笑容感染对方是打造完美亲和力的方法之三。亲切的笑容是你留给对方最好的第一印象，在交谈中能起到抛砖引玉的作用——只要粲然一笑，你就会赢来好人缘。

得体的话语是打造完美亲和力的方法之四。话语不在于多少，而在于贴心、暖心，能说到人的心窝里去——这样可以使对方产生情感共鸣，从而创造出和谐的交谈氛围。

真挚地关心对方是打造完美亲和力的方法之五。交际中，只要你投入了真挚的关爱，对方的心就会温暖起来——这样你们就会有更深入的交流，感情就会越来越近。

打造完美亲和力至关重要，这不仅会给你带来更好的人缘，也会为你人生的成功铺路。

情商再高，也并非天生就懂如何社交

在社交场合，最重要的是沟通。很多人觉得自己情商低，恐惧社交，根源就在于不知道如何去沟通。其实，沟通是门技术活，熟能生巧，沟通技巧也需多加练习，这样用起来才能得心应手。没事多和朋友接触，找机会练习沟通技巧。

学会沟通这门技巧，不仅要熟读沟通学的书籍，还要活学活用，使自己成为社交场上的沟通高手。懂得沟通并不表示你会运用它，学会了理论上的沟通，还需要到真实的情景中去实践。

李聪和孙莉都是刚毕业的大学生，是同时应聘进入同一家公司的。李聪在销售部做业务员，孙莉在人事部做普通文员。

李聪性格外向、开朗、健谈、豪爽，而孙莉性格内向、害羞、不合群、不善言谈、不善沟通。

刚到公司不久，李聪就和公司各个部门的人都熟络起来了。哪个部门的同事结婚，他都会参加并随份子，哪个部门的同事过生日开 Party，他也不会缺席。

李聪还主动组织自己部门的同事去游玩，去歌厅里 K 歌。公司大大小小的活动他都会参加，而孙莉却从不参加这些活动。

有一次，孙莉很羡慕地对李聪说："真羡慕你，那么懂人际上的事，什么场合，什么活动你都能参加。"

李聪和善地微笑着说："你错了。我和你一样刚大学毕业，一点儿社会经验也没有，也不懂得沟通。但是正因为不懂，我才要参加大大小小的活动，从与同事和朋友的交往中学习、实践呀。"

孙莉明白了其中的深意，然后对李聪说："你真聪明。我还以为是你性格的原因，天生就有好人缘呢。"

李聪真诚地笑笑说："谁生下来就会沟通呢？不都得多学习、勤练习嘛。沟通是门技术活，只有多练习才能熟能生巧。你得像我一样多和同事、朋友接触，多多练习沟通这门技巧，才能真正学会沟通。"

后来，在李聪的鼓励下，孙莉也开始不断到各种场合参加各种活动，以此来练习沟通的技巧。

在沟通理论方面大有心得的人并不一定就能沟通得很好。理由很简单，这种人缺乏实践。要想真正成为一名沟通高手，就得在不同的社交场合练习。

沟通是人与人之间的交往。所以要想学沟通，你就得有交往的对象。与交往的对象互动起来，才能锻炼你的沟通技巧，而且还能从对方身上学到更多的沟通方式和技巧。

沟通是一个互动的过程。你从书上学习沟通理论，然后运用到现实中去，这就是实践。多实践几次，这就是练习。久而久之，沟通的练习达到了一定的数量，你在沟通中就会有质的改变和飞跃。

要想学好沟通这门技术，最关键的是需要平时留心，寻找机会不断地练习。就算你有好的天赋，却不勤奋练习，也照样不能学好沟通这门技术。可见不断地练习才是达到精通沟通的必经之路。

在社交中不断练习，学会沟通，才能得心应手，运用自如，让沟通成为你在事业前进中的推动力。

何欢是一个刚进入大学校门的新生。十几年的埋头苦读，让何欢变成一个沉默寡言的女孩。当她进入大学之后，才意识到自己在人际交往中的欠缺是相当大的。所以，她下定决心要改变自己，让自己学会沟通，这样以后到了社会上才能更好地与人交往。

何欢从同学和朋友中找到最擅长沟通的苏悦，然后悄悄跟着苏悦学真人版的沟通学。苏悦参加什么活动，何欢就参加什么活动。苏悦跟什么样的人说什么样的话，何欢就分析并研究苏悦的语言。同时，何欢还研究苏悦的行为、礼仪、穿着、面部表情等。

何欢不仅学习苏悦的沟通技巧，还在与人的日常生活交往中不断地去练习。她通过不断的学习、练习，慢慢地开始有了收获。

大学四年之后，当何欢即将进入社会之时，她已在有意识地训练自己的沟通中取得了成绩，成为一个实践中的沟通高手。

沟通需要有交往的人群，这样就形成了不同的交际场合。不同的场合可以学习并练习不同的沟通技术。

在办公室中，在与同事的交往中，就可以默默地练习你的沟通技术。

比如，在与上级的接触中要练习谦卑有礼、尊爱有加的沟通；在与同事的接触中要练习平等互助、团结友善的沟通；在与下级的接触中要练习体谅关爱、威严有度的沟通。在这些交往中，都可以练习你从书中或别人那里学到的沟通学。

在朋友聚会中，你不能只接触与自己合得来的朋友。要和不同类型的朋友接触，这样才能让你的交际面打开，变得广阔，才能更大限度地练习你学来的沟通技巧。

对不同的同事或朋友，要区别对待，也就是用不同的沟通方式去交往不同的人。在这些不同的沟通方式中，你可以练习到不同的沟通技巧，还能从同事、朋友的身上学到他们各自独特的沟通技巧。

在家中，当你面对家人的时候，也许你会觉得不需要沟通了，其实这是错误的理念。家人的性格也是各不相同的，你也需要选择不同的沟通方式。恰当的沟通技巧的运用，可以促进家庭的和睦、和谐。

在一些商务沟通中，与你沟通的人是千差万别的。你要恰到好处地练习并运用沟通技巧。这些商务交际场合，往往很注重一些大的礼仪、礼节。所以，这是练习这些礼节性沟通的好机会。

沟通技巧的练习就是学以致用的过程。在交际中练习，再运用到交际中去，让你纵横捭阖，如鱼得水。

社交场合，有时需要一些恰当的谎言

我们从小受的教育就是要为人诚实，因为在社交中以诚待人是大家都认可的一个原则。

诚然，你只有对别人付出真心，才能得到对方的信任，可有时候特别是在自己陷入两难处境时，我们还要学会适当地说谎——如此一来，你既能照顾到对方的面子，也不致让自己陷入不利的境地。

李可为人很诚实，他最不齿的一种品行就是虚伪，因此他一直要求自己，无论在什么场合，遇到什么人，都不能说谎。可就是这样一个耿直的人，到了四十岁的时候，身边竟没有一个知心朋友，连亲人都不喜欢他。

话说年轻的时候，李可供职于一家大型互联网公司，凭借多年的工作经验，他很快晋升为公司的一名中层领导。出于工作的需要，他每天不得不跟各个部门的经理和员工打交道。

有一次，公司要进行大规模的人员调整，老总让每一名中层领导都上交一份方案。李可特别实在，该汇报、不该汇报的问题，他都说了——虽然说的都是实话，但也因此得罪了不少人。

其他的问题也就算了，关键是他还揭露了部门经理生活不检点的事。这下可好了，部门经理遇到了大麻烦，人家费了好大的劲才把事情摆平，没被上层领导追究。

李可还跟没事人似的，觉得自己没有错，只是说了实话而已。但部门经理却把他当成了眼中钉、肉中刺，处处给他穿小鞋、使绊子。

"如果当初你不说实话，现在也不至如此啊！"好心同事提醒李可。

"这是什么话，做人就应该说实话！"李可斩钉截铁地说道。

同事原本是好意，结果挨了一顿批，之后就再也没人帮李可了。最后，李可实在混不下去了，只能辞职走人。但他在其他公司也不会工作得太久，因为他在"孤胆英雄"的路上走得更远了。

李可为人耿直，但就是因为太耿直，什么都说，才让自己变成了讨人厌的危险人物。所以说，在社交中，必要的谎言还是要说的。

说谎不是虚伪，有时候只是一种必要的交际手段，无关道德人品。李可的悲剧在于，他混淆了说谎与虚伪，导致没有人愿意亲近他，最终只能失去别人的尊重，也毁了保护自己的防线。

美国社会心理学家费尔德曼将人们说谎的动机分为三类：第一类，讨别人欢心；第二类，夸耀自己和装派头；第三类，自我保护。

前两个动机我们可以理解，至于第三个，有的人就会觉得为了保护自己而说谎是一件很不光彩的事情。其实，只要我们说谎不是为自己谋私利或者伤害他人，内心大可不必为此纠结。

"逢人只说三分话，未可全抛一片心"，有时候，我们需要做的只是交际而已。如果对对方的一言一行都较真的话，很容易让他尴尬，而自己也不会给人留下好印象。因此，不分场合的诚实不仅会伤害别人，也会伤害自己。

抛开道德不说，分场合说谎也是一种智慧——真正高明的谎言可以为我们在人际交往中加分。这里是说，说谎的时机要适当，用词也要合理，并且还要满含真诚，能让对方感到温暖，同时能够保全面子。

生活中，我们经常会遇到这样的情况，本来已经打算周末要跟女朋友出去玩，可朋友打电话来问有没有时间聚会——这时候，你如果直接坦白地说出理由，不免会让朋友对你产生重色轻友的看法。

所以，为了避免误会，你可以用一些听起来合情合理的理由推掉朋友的邀约，比如公司加班、家里有事等，要把理由说得很详细，也要很真诚地对他表示歉意，让对方理解自己，并且跟他约好其他时间再聚会。如此一来，你既安抚了朋友，也保证了自己的正常活动。

与人交往，适当的谎言可以起到促进作用。因为，谎言有时候能够让尴尬的气氛变得活跃，让紧张的关系变得轻松。毕竟，如果我们能达到既不得罪别人，又能保护自己的目的，也算是两全其美的事。

所以说，在社交中，适当的谎言必不可少，但不能说弥天大谎故意去欺骗他人。否则，谎言一旦被拆穿，就会引起不必要的麻烦。

漫漫因为醉酒出了车祸，把脸划破了，缝了好几针，左脸看起来有点恐怖。她从小就是一个非常爱美的人，这可把她吓坏了，于是天天跟朋友哭诉，要死要活的。

"漫漫，没事，伤口虽然大，但不深。等伤疤好一点儿，可以做个美容小手术，不会留疤的。"我安慰她道。

"真的吗？你确定吗？"漫漫迫不及待地问。

"对，是真的。"我不敢确定，只能说谎话，"我之前有一个朋友，脸被玻璃划破也缝了针，后来她用了好药，做了美容手术，最后真的没留疤。"

听了我的话，漫漫安心了不少。不过，她的脸上最终还是留下了一点儿疤痕，但她已能坦然接受了。而对于我善意的谎言，她非常感激。

还有，说谎时要对人对事，不能满口胡诌，那样一眼就会被他人识破，对方不但不感激你，反而会觉得你虚伪。比如，你跟一个长相丑陋的人说他长得好看，他一听就知道你在撒谎，甚至觉得是一种讽刺。所以，说谎要有事实根据，不能太离谱。

在这个世界上没有不说谎的人，尤其是在社交场合，那就让必要的谎言发挥它应有的作用吧。

除非秀出自己，否则没人会关注你

怀才不遇的人有很多，这些人明明能力出众，却总是与成功擦肩而过。其实，他们需要好好反省一下，究竟是什么原因导致了自己的遭遇，要用什么方法摆脱困境。

高情商的人都明白一个道理，一个人要想有所成就，就要恰当地"秀"出自我，积极主动地把自己的才干展示给人们看，而不要奢望别人主动来关注自己。尤其是职场新人，更应该在适当的时机"秀"出自我，这不失为一个引人注目的好方法。

有一个衣衫褴褛的小男孩跑到正在修建的高层建筑工地里，向一位衣着十分讲究的建筑承包商请教："请您告诉我，我要怎么做，长大后才能像您一样富有？"

承包商看了看这个小家伙，回答说："我的方法就是让你去买一件颜色比较鲜艳的衣服，然后埋头苦干。"

小男孩满脸困惑，百思不得其解，只好再次请教承包商。

承包商把手指向那些正在作业的工人，对小男孩说："那些工人全都是我的手下，我没办法把他们每一个人的名字都记住，甚至对一些人没有印象。但是，你仔细瞧，他们当中有一个穿红色衬衫的工人给我留下了深刻的印象，他做工作很卖力，每天总是第一个上班，最后一个下班。

"为什么我对他的印象这么深刻？就是因为他那件显眼的衬衫。我最近正准备提拔他当我的监工。从今天开始，我相信他会更加努力地投入到工作中去，说不定在短时间内他就会成为我的副手。

"小伙子，我也是这样一步一个脚印走过来的。我工作时比别人投入了更多的精力，如果当初我选择跟大家穿一样颜色的衣服，恐怕就没有现在的我了。所以，我选择每天穿不同颜色的条纹衬衫去上班，同时更加努力。不久，我就出头了——老板提拔我当工头。后来，我有了一定的积蓄，终于自己当了老板。"

著名剧作家萧伯纳说过一句非常富有哲理的话："征服世界的将是这样一些人：开始的时候，他们试图找到梦想中的东西。最终，当他们无法找到的时候，就亲手创造了它。"

使成功者走向成功的真正原因，不仅仅是他们善于把握机会——更重要的是，他们善于创造机会。就像上述案例中的承包商一样，他就是因为把握并创造了机会而成功的。

有一道经典的面试题："说说你如何胜任这个岗位？"

很多人都想表现自己的优势，恨不得把自己小学五年级拿三好学生奖的事都搬出来。这些人看似很优秀，谋得岗位的机会也更大，但是成熟的 HR 是不会录取他们的，因为 HR 从他们的回答中看到了不自信，并期待其他面试者的回答。

最能令人眼前一亮的回答是：从企业本身谈起，然后把你的优势和企业的需求结合到一起说。

前不久，赵敏去一家中学培训机构面试教师职位，HR 看了看她的简历，只有一年多的助教经验，便问她："你觉得自己能胜任这个岗位吗？"

赵敏回答："是这样的，现在的家长越发注重对孩子的教育，贵公司近年的发展很快，前来报名补课的学生也越来越多。我在大学时一直总结授课技巧、研究青少年心理学，为此我还制订过详细的教学计划和心理辅导，在 ×× 学校实习时还得到了校领导的认可。如果我在贵公司工作的话，相信我的方案对提高学生成绩很有帮助。"

在面试时，HR 对你的个人经历并不十分感兴趣，他们最关心的就是你能否为公司带来利益。所以，这时候你不用一一列举获得的奖项，只需要讲出重点，就能给对方留下深刻的印象。

主动"秀"出自我是改变怀才不遇境况的最佳途径，在合适的时机和场合向领导展示自己的能力，才有可能得到领导的赏识。

总之，"秀"出自我是一门学问，你如果懂的话，可以使自己立于不败之地；如果不懂，就只能平庸地度过一生了。

自我感觉良好的人，社交场上永远是失败者

有这样一类人，他们总是自我感觉良好，做什么事都只以自我为中心，置他人的需求于不顾。这主要表现在：第一，不关心别人，与他人关系疏远；第二，固执己见，唯我独尊；第三，自尊心过强，过度防卫，有明显的嫉妒心。

总的来说，这种人情商普遍不高，他们心里只有自己，从来不考虑别人。原因是，他们拥有严重的个人主义思想。

毫无疑问，这种自我意识对他们自己的发展有百害而无一利。由于过度追求个人利益，他们在追求自己的理想的同时，也失去了良好的人际关系——没有人愿意同他们这种自私的人合作共事或终生相伴。

坦白地说，任何人都有自私自利的思想，尤其是现今独生子女多，他们从小就是整个家庭的核心，长辈大多过分地爱护甚至是溺爱他们，使得他们在不知不觉中养成了自私自利的坏习惯，在交际中会忽视别人的感受。

向南是某公司销售精英，正在奔着销售部副经理的位置努力着。这天他回到家，高兴地对小鹿说："老婆，告诉你一个好消息，今天开会的时候，领导对我提的方案很满意，还说……"

"真的吗？"小鹿心不在焉地说，她正在修剪一盆百合花，"那

真是个好消息。老公你看，这盆花打理得好不好看？对了，咱家马桶不抽水了，你一会儿去看看好吗？"

"当然好啦。我刚说领导听取了我的建议，说真的，开会的时候我真有点紧张，但他们终于发现了我的才华，说不定……"

"是啊，我早就说过你是怀才不遇。"小鹿插话道，接着又说，"我买了咖喱粉，晚上我们吃咖喱饭吧。对了，下午表妹给我打电话来着，说要过来住两天，我去收拾一下客房，你先去厨房削土豆吧。"

直到这时候，向南才发现在这场沟通中，他彻底被老婆打败了。没办法，他只好闷头走进了厨房，而小鹿丝毫没注意到向南的情绪。

看到这里，大多数人都认为小鹿自私极了，只在乎自己的问题。其实小鹿和向南一样，都想找一个倾听者，可她把倾诉的时间弄错了。如果她能耐心地听完老公想说的话，再跟他聊自己想说的话题，两个人的相处会很愉快。

每个人都想获得利益，避免伤害，这就是人性。如果可以，我们都想按照自己的想法去生活，在交际中获得最大的利益。可是，人们总是相互制约，每一个变量的改变都会对整个沟通产生深远的影响——就像"蝴蝶效应"一样，美国太平洋海岸的一只蝴蝶仅仅扇动了一下翅膀，就能引起对面海岸的一场海啸。所以说，事物的发展往往不会按照个人的意愿进行。

社会学家指出，人际交往中最简单、最实用的原则就是"你喜欢我，我就喜欢你"。所以，你若想得到别人的欣赏和尊重，首先要学会欣赏和尊重别人，人类的发展就是这样相互制衡的。

因为，人际关系是一种互动中的平衡，如果你不幸违背了这一原则，那么你很快就会得到教训。比如，曹操刚刚说了："宁我负人，毋人负我！"陈宫就想："（曹操）原来是个狼心之徒，今日留之，必为后患。"于是，他就起了杀曹之心。虽然陈宫最后没能杀了曹操，但也不再辅佐他了。对曹操来说，失去陈宫是一个非常大的损失。

在现实社会中，每个人都有自己的欲望和要求，并且享有相应的权利和义务，但是现实不可能满足所有人，如此一来，就很容易出现矛盾。因此，我们不能一味地为自己考虑，而要客观地面对现实，学会礼尚往来和包容。毕竟，要是每个人都以自我为中心的话，大家都不会有好日子过。

我们要跳出自己的圈子，提高自己的修养，控制自我的欲望与言行，多为身边的人着想，学会尊重、理解、关心、帮助别人。只有这样，在你需要帮助的时候，别人才会伸出援手。把关爱留点给别人，把公心留点给自己。

Part 7

职场中的高情商，
在办公室你就是最吃香的人

有礼的称呼，让你在职场如鱼得水

很多年轻人刚进入职场时，每天都恐惧和同事打招呼，更恐惧遇到无法叫出名字的同事时应该怎么办。久而久之，除非工作需要，否则就开始躲避同事，也不和同事社交，最后成为办公室"孤独"的人士。其实，这些年轻人恐惧办公室的社交，主要是因为不知道该如何称呼同事，不分年龄资历大小的称呼，怕引起同事不愉快，而如何有礼的称呼，又不知道。

那么，我们应该怎样称呼呢？首先我们需要注意的就是称呼的名称。其实对于同事的称呼并不是绝对化、固定化的，在不同的情况下，对同事要采用不同的称呼。身为职场新人，要留心周围的同事相互间是如何称呼的，特别是资历和自己同样不深的人。在职场中，应该明白，得体的称呼不仅能拉近上下级关系，让同事间变得亲近，更会避免很多不必要的麻烦和烦恼。

曾坤刚参加工作，在见到同事的时候总老师长、老师短地去求教，大家对他的这个称呼并不在意，没过多久，他就和周围的同事混熟了。

但曾坤发现，并不是所有人都适用于这个称呼。每当他称呼一位姓吴同事"吴老师"时，对方总是会皱起眉，对他的招呼也爱搭不理的。曾坤很是纳闷，自己并没有什么地方得罪他啊！后来经过侧面打听，曾坤才明白原来老吴不管是在学历上还是工资待遇上都不如自己，至今还是一个普通的办事员。因此在听到曾坤称呼他为老师的时候，认为曾坤是在故意讽刺他，所以心里大为恼火。

可见，在不明白情况的时候，千万不要乱称呼，特别是当我们在面对公司里的女同事时，不要张口就"大姐""阿姨"地乱叫。对于女性来说，永远希望自己是年轻的，如果我们在称呼上把她们叫"老"了，换来白眼是小事，若在工作上不配合，那么我们就要遭殃了。

现如今的企业，每个企业都有其自身的文化。而同事间的称呼也是企业文化的一个代表。企业中相互间的称呼，往往与企业的管理风格有着密切联系。若是不懂得这层企业文化，无法熟练掌握得体的称呼，在企业中就会举步维艰。

例如，很多外企，尤其是欧美的企业，同事或上下级之间都是习惯直呼其英文名，并没有职务的区别。如果你称呼其职务，反而会显得格格不入。因此如果你是在这样的企业工作，那么最主要的就是先给自己取个英文名字。

在那些基本上由学者创办的企业里面，比如报社、电视台、文艺团体、文化馆等，则喜欢用"老师"这个称呼。这些单位普遍文化气息浓重，而"老师"这个称呼最能体现一个人的学识和尊重，因此最为合适。

在国企或政府部门中，最好以行政职务来称呼。例如李局长、张社长、刘书记等。

而在私下的聚会中，则应该显得更加亲密随便一些。年长的可以在姓后面加个"哥"或者"姐"。但有时也需要注意分寸，别引起对方的反感。

抓准兴奋点，和谁聊天都不会冷场

在职场中，我们最害怕的就是和同事或者和客户话不投机时的冷场，这时我们不能放弃交流，否则就会让场面尴尬，渐渐地对方也不再对你有兴趣。而每每在这个时候，高情商的人就懂得赶紧转换到新话题，让交谈继续下去，这样才可以逐渐把对方的心再拉拢过来。

很多时候，在与同事或客户沟通时我们还需要找对方感兴趣的话题，也就是抓住谈话兴奋点，投其所好，这样才能把话说到他的心窝里去，赢得他的好感。如果你转换的话题能让人感兴趣，那么，你就是很厉害的沟通高手。

吴玉毕业后来到了姐姐余薇工作的公司。但吴玉刚来公司，不知道如何与同事沟通，更不知道如何能够融入进去，所以无所适从。

她向姐姐余薇请教，余薇告诉她："你要多和同事聊他们感兴趣的事情。"

"可我刚来，不知道他们对什么感兴趣啊！"吴玉很苦恼。

"你可以根据他们的穿着和服饰等来判断，一点点沟通啊！"余薇看到光说没办法让吴玉开窍，决定现场教导一下。

第二天早上，余薇来到吴玉的部门，一进门就挨个热情地打招呼，然后在吴玉的旁边站住了，对着隔壁的丽丽关切地说道："今天看起来很忙啊！"

丽丽回答："昨天新到了一批女装，没来得及整理宣传方案，这不，现在正整理呢！"

余薇："你还没吃早餐呢吧？"

丽丽："忙活一个多小时了，等中午时候再吃吧。"

余薇："昨晚我听我家吴玉说，这几天你们很忙，就猜到你们还没吃早餐，这不，我们给你们买了豆浆。你们先去吃点东西吧，吃饱了才有力气干活啊。"说着，余薇把几杯豆浆分给了屋里的同事，大家纷纷表示感谢。

大家一起喝着豆浆，余薇拉着吴玉也和大家一起聊天。吴玉看着丽丽身上的衣服说："你这条破洞裤的洞也太大了吧？"

丽丽一愣，表情有点不自然地说："还好吧。"

余薇接话说："丽丽眼光可好了，每次都穿潮牌衣服，我看好几个女星都穿过这种裤子拍照呢。"

"丽丽，前两天我在微博上看到一个明星在牛仔裤外加了一条纱裙，感觉好潮呀，我记得前几天你也穿过那种纱裙吧？"

"是呀，"丽丽兴奋地说道，"其实我当时买的时候没看到明星穿，只是觉得好看，这么搭配着挺不错，也就买了……"

没过一会儿，余薇和丽丽就从穿搭聊到生活、八卦等问题。余薇看时间不早了，就和吴玉、丽丽告辞了。丽丽还对余薇说，不忙的时候就来玩啊，觉得和她特聊得来。

"酒逢知己千杯少，话不投机半句多"，在职场中，如果你不能迅速地跟他人找到共同话题，抓住谈话兴奋点，很可能就会失去一次重要的机会，甚至引起对方的不满。上述案例中，吴玉不小心说错了话，让丽丽有些尴尬，幸好余薇立刻转移话题，才保证了交流的顺利进行。

在职场中，我们会碰到形形色色的人，有时难免会话不投机，遭遇尴尬。如果双方都不愿多说，呆呆地坐着，就无法打破僵局有进一步的沟通。当然，这也就更谈不上建立良好的关系了。

最好的解决办法是，找到对方感兴趣的话题，抓住谈话的兴奋点，打开他的话匣子。如果能做到这一点，你就会在职场中如鱼得水，在交际中占据主导地位。因为大家都是有交际目的的，都想把话说到对方的心窝里去，这就必须学会投其所好，说对方感兴趣的事。

有些人不以为意，在与同事沟通时只顾说自己的话，办自己的事。如果细心观察，你会发现这种交际方式的成功率很低。所以，掌握一些说话技巧很有必要。但是，这说来简单，实际上做起来不容易。

说话的人各不相同，寻找共同话题的方式也会有异。语言是沟通的基础和桥梁，是在职场中成就自己的有力武器，你只有投其所好，并且让自己的语言更富感染力，更能打动人，才能获得沟通效果。

与人交流，转换话题之前要先进行观察。因为如果你无法找到对方感兴趣的点，开启新话题依然不会让他满意。

通常而言，我们可以通过观察对方的着装、表情、言谈举止等找到他感兴趣的点。其中，观察一个人的装扮是最有效的办法，我们能从中看出他的身份、地位、喜好和品位。

读懂这些之后，你就能准确地找到合适的话题了。

如果当时不能进行正确的观察，我们还可以适当地了解一下——从对方的"特点"开始主动询问他，可以询问他的生活和兴趣爱好，这些通过寒暄都能得知。

一般而言，我们谈论最多的是对方的兴趣爱好，因为它不会显得很唐突。

你可以采用抛砖引玉的方式——先说本人的爱好，再让对方自然而然地说出自己的爱好，然后寻找彼此的共同点。这样一来，新话题就开启了，而且还是双方都感兴趣的话题。

老杨不仅酒量好，会说话，而且是个热心肠的人，公司无论哪个部门聚餐吃饭都喜欢叫上老杨。他每次都会把气氛搞得非常活跃。

有一次，两个同事因为教育理念的不同，相互之间戗了起来。老杨赶快当和事佬，岔开话题。他看到其中一个年纪较大，老杨思忖了一下，觉得这位老同事工作这么久了，管理能力一定很好，便笑呵呵地说："听说您年轻的时候就非常有能力，培养了不少人才，现在升到了管理层，真不错。"

"有能力不敢当，管理也算是稍有经验吧。"

"我的管理能力就太弱了，想跟您请教一下如何提高管理能力，好把公司的业绩再提一提。"就这样，老杨转换到了一个对方感兴趣的话题，局面立刻好转。

最后，聚会气氛又重新热络了起来。

在职场中，要想在短时间内建立良好的沟通氛围，避免话不投机，就必须找到谈话的"契合点"——对方感兴趣的话题，抓住谈话的兴奋点。

另外，值得注意的是，在交谈中不要以自己为中心，而要注意对方的情绪，要看他是否愿意交谈。如果发现对方不感兴趣或在应付，千万不要犹豫，立刻转移换话题——你拖得越久，对方对你的好感也就越少。

只有彼此之间产生共鸣，才能使谈话进行得更深入，更愉快。所以说，"孤掌难鸣"，以自我为中心是无法完成交际的。

话不投机是交际的主要障碍，要是不及时转移话题，对方会拒绝继续沟通。实际上，要想成为交际高手，绝不能给对方说"不"的机会——通过及时观察，迅速找到共鸣点，沟通就能继续下去。

说话要投其所好，要在最短的时间内让对方对你的话题感兴趣，这样他才能慢慢接受你。这需要你有很高的说话技巧，只有平时多观察、多锻炼，才能让自己成为职场中的交际高手。

高情商的人，能让每一个同事都喜欢他

无论生活还是工作中，我们经常会遇到一个情况，一个你欣赏或者说有好感的人寻求帮助或者提出要求，你总是很爽快地答应，并且尽心尽力地办好。而如果是一个你不喜欢甚至有些讨厌的人向你寻求帮助，你肯定会找各种理由拒绝。所以，在人与人的相处中，要么就是双方互相喜欢，要么就是互相讨厌，剃头挑子一头热、热脸贴冷屁股的事偶尔有之，但绝不可能长久。

这是因为，人人都有一种喜好原则，当喜欢或者对某个人产生好感后，那么对那个人的行为或者思维都会无条件地认可，也就是所谓的爱屋及乌。

喜好原则的典型表现就是明星代言。现在很多商家都会选择名气高、人气旺的明星作为自己产品的代言人，因为这些明星拥有众多的粉丝，受到很多人的喜爱。而那些喜爱明星的粉丝就会把这种对明星的喜欢，转移到明星代言的产品上，只要明星一句推荐语，粉丝便会产生巨大的热情，从而为相关产品的销售带来巨大利润。或许，商家为请明星花了高昂的广告费，但他们获得的利润会更高，是我们普通人不可想象的。

曾经有心理学家做过一项实验。他们把同样的产品分成两组来进行销售，产品的质量和价格完全一样，唯一的变量是销售人员不同。一组的销售人员是长相出众、身材火辣的美女，另一组

是长相一般、身材也一般的普通推销员。

两组推销员同时来到街头做产品促销，实验记录表明，大部分的男性更愿意购买美女推销员推销的产品。

心理学家对购买产品的男性客户进行了访问，询问他们购买产品的原因。男性客户说，他们觉得美女推销员推销的产品看起来更有质感，也比普通推销员推销的产品更新、更时尚、更讨人喜欢。也有很多男性客户诚实地表示，他们购买产品的原因是喜欢漂亮的女推销员，所以才选择她们的产品。

可见喜好原则的重要性不仅仅体现在人际交往中，就连销售中也有很强的存在感，而在职场中，它的效果更加明显。

陈珊是某学校的一位老师，她年龄不大，教学能力也算不上多强，但她所带的班级每次考试成绩都是最优异的。这是因为，她的人缘是全学校最好的。相信每个步入职场的人都明白这个道理，人际关系的好坏严重影响到工作进度和职场的发展。人缘越好，工作起来就越顺利。

陈珊非常善于和别人打交道，无论是老师还是学生，领导还是同事，年轻的还是年老的，她都能在短时间内赢得对方的好感。所以，陈珊评职称很顺利，奖金也拿得多。

按理说，像陈珊这样优秀的人才，肯定会遭到同事的嫉妒，但事实上并没有，陈珊和每个人相处得都非常好，同事们不仅不嫉妒陈珊的成绩，反而处处帮助她。她偶尔有事请假了，请老师代课，大家都很愿意帮她。他们班的其他学科老师也都比其他班的老师更认真，对学生也负责。每次陈珊在教学上遇到问题，有经验的同事都会传授给她简单又快捷的方法，帮助她成长。

一位老师不由得感慨道："陈珊啊，为什么你的人际关系可以处理得那么好，每个人都那么喜欢你、愿意主动帮你呢？"

陈珊说："因为我也很喜欢他们啊！"

那位老师表示不解："难道那么多人你每一个都喜欢吗？他们都那么好吗？这世上就没有让你讨厌的人吗？"

陈珊说："也许有吧，但是我会表现出很喜欢他们的样子，这样他们也会喜欢我。"

可见，陈珊是一个情商很高的人，她非常懂得利用人们的喜好原则，对每个人都表现出好感，这样一来，大家感受到善意，自然也会喜欢她，同时产生爱屋及乌的感情，当她遇到困难时，所有喜欢她的人都会伸出援助之手。

人，天生就有利己思想，懂得趋利避害，所以便会产生这种心理：你喜欢我，我才会喜欢你，你不喜欢我，我又凭什么喜欢你。

首先，从心理学上来看，一个人喜欢你，就会让你产生愉快、高兴的情绪，所以你就想要看到对方、亲近对方，让自己有个好心情。其次，对方对我们的喜欢满足了我们的自尊心，让我们觉得自己受到了尊重。再次，对方的喜欢会加深我们的自信心。每个人都或多或少地缺乏自信，而自信是从别人的评价和判断中得到的，如果对方喜欢你，就证明你是一个优秀的、值得喜欢的人，这种正面的评价无疑会增强我们的信心。最后，对方喜欢我们，会让我们觉得找到了志趣相投的盟友，就愿意更多地分享自己的快乐，也更愿意帮对方解决问题。

人最爱的终究是自己，所以人们也会喜欢与自己相似的人。当有人表现出对我们的欣赏或好感时，我们就会想，对方喜欢我，说明我身上某些方面和对方相似，我的某些想法、行为得到了对方的认同，继而也喜欢上对方。

所以，在职场中，喜好原则对于处理人际关系具有重大影响，能够影响同事、领导对你的判断和喜恶。如果希望你的人际关系更加融洽，就应该熟练掌握喜好原则，让对方知道你喜欢他，欣赏他，然后赢得对方的喜欢，这样你做起事来就会变得事半功倍。

同事无理的要求，拒绝也能不伤和气

身在职场，我们总会遇到同事们的求助。毕竟作为一个团队的成员，只有互相协作、互相扶持，才能成就最后的成功。然而，帮助也是要讲究原则的，如果同事向你提出的要求已经远远超出了正常的范围，那么，我们就应该坚定地说"NO"。

当然，没有人喜欢被拒绝，所以对同事说"NO"，我们一定要注意说话的灵活性，切不可因为简单粗暴的"NO"伤害了彼此之间的关系，给工作带来不必要的麻烦。

小林是单位里的骨干，因为能力过硬，很受领导的器重，也被很多同事佩服。这一天，小林正在办公室里忙，财务科的小郑走进办公室，说："小林，我下午有事要走开一会儿，你能帮我盯一会儿吗？应该没有什么事情的，如果有也只是一个小财务报表，我把具体填写方法都给你罗列好了，你看能帮个忙吗？"

按理说，小林是技术人员，对财务并不是非常了解，所以客气地拒绝本不是坏事，谁知智商过人情商却一般的小林，这么回绝了小郑："这怎么可能？你怎么能把你的工作让我来做？就算会，我也不能帮你做的。你要记得，我是技术人员，又不是你们财务人员！"

事实上，小郑也知道自己的要求有些过分，所以他并不抱有小林立刻同意的期望，如果小林婉言拒绝，他就再找其他同事。但谁知，小林用这样一种态度和自己说话，不免生起气来："不帮就不帮，何苦这么难听地说话？你不要觉得自己是技术人员就可以对别人吆五喝六！"

说完，小郑气呼呼地摔门走了。从这以后，他总是有事没事地找小林的麻烦。毕竟，小郑是财务部门，各个部门的财务申请和手续都由他经手，所以到了小林需要办理财务方面的手续时，他就会百般刁难，让小林苦不堪言。不得已，小林只好私下单独找小郑请罪道歉。虽然最终小郑接受了道歉，但对小林的看法一直没有特别好转，小林也只好将苦水往自己肚子里咽。

智商过人，情商不高。如小林这样的人，在职场上还有很多，他们有着不错的职业操守，却没有足够的人际交往能力，回绝同事时总是生硬、乏味，因此尽管能力突出却人缘不佳，在单位中总是不能收获良好的口碑。

守住自己的底线是好，但是如小林这般"只有原则没有技巧"的回绝方式，同样是职场的大忌。轻者，我们与同事之间的关系不佳，导致在未来合作中磕磕绊绊；重者，和同事成为敌对的关系，结果因为各种各样的原因被对方针对，让自己很难在企业中立足。

那么身在职场，我们应该如何处理同事的要求，如何做到合理拒绝呢？首先一个原则，就是先倾听，再拒绝。例如，当同事提出要求时，证明了他们内心有了一定的困扰，这时候，我们首先应该先去倾听，了解对方的内心，给予对方被尊重的感受。

例如案例中的小林，如果他可以让小郑继续说，比如是什么样的报表，离开工作岗位的时间会有多长，然后表示理解他的难处，再说出自己的难处：并不擅长财务报表、自己还有比较重要的工作要忙，这就会给对方带来心灵上的抚慰和理解。并且，如果你愿意，倾听完毕，还可以在拒绝的同时提出一些建议，这样同事不仅不会生气，反而还会对你充满感激。

当然，倾听只是一种方法，我们可以根据同事的性格，采取不同的拒绝策略，例如含糊其词同样也能起到巧妙拒绝的目的。当同事说："今天有空吗？咱们下午去客户那里一趟！"这时，你可以说："今天实在太忙了，要不然下一次吧！"下一次是什么时候？今天忙什么？要忙到几点？你的回答里，并没有这些答案，只是一个含糊其词的表述。但是，这已经强烈地说明：自己已经选择了拒绝。

当然，一定要注意的是："含糊其词"拒绝法虽然可以达到目的，但是不可常用。因为，这种拒绝方式显得过于敷衍，如果长期使用，必然会给同事带来不好的印象，认定你对自己有意见，根本不愿意合作。

另外，在婉言拒绝的同时表示自己愿意帮其他忙，同样也是巧妙拒绝同事的好方法。例如和同事说："真是不好意思，这会儿我手头的确非常忙，确实不好帮助你。要不这样吧，你先问问别人，我下午不太忙，到时候一些快递、文件我帮你签收拿给领导，你看可以吗？"

这样的回答，不仅达到了拒绝的目的，还会给同事带来一种暗示：我很愿意帮助你，只是暂时的确没有办法。如此一来，同事就会理解你的苦衷，心平气和地接受你的拒绝。

听懂领导"弦外之音"，你离晋升越来越近

在职场中，很多人工作多年也无法晋升，更有的人甚至恐惧遇见领导，更恐惧和领导沟通。而在恐惧的心理作用下，有时候领导对你的暗示，沟通中的弦外之音你就无法领会其含义，当然也就不会有晋升的机会。民间有句俗话，叫"听话听声，锣鼓听音"。这句话的意思是说，人们很多时候想要表达的并不是他们真正说出来的话，而是另有其他的意思需要听话者自己去领会。也因为中国汉字博大精深，所以人们更容易混淆他人的真实意思。在这种情况下，我们就要结合说话当时的情境以及交谈对象的很多细微表现，尽量理解其真实意思。

王凯大学毕业后就进入一家公司工作，因为勤快踏实，一直深受领导的喜爱。这不，领导最近正在策划去美国考察的事情，同事们全都对于跟随领导去美国考察跃跃欲试，毕竟公费考察见见世面谁不愿意呢，而且还可以借此机会与领导亲密接触，给领导留下深刻印象，简直是好处多多啊。不过，领导很想让王凯与他一起去，毕竟他与王凯投缘，也喜欢这个恬静的小伙子。但是领导也有顾虑，不能直接钦点王凯。有一天，看到大家都在办公室里聊天，领导突然脑中灵光一闪，说："王凯，听说你在大学时期英语就很好啊！"王凯不假思索地回答："不好啊，我的英

语是弱项，总是拖后腿。"这时，平日里默默无闻的李刚突然说："领导，我的英语好，八级呢。我陪你去美国吧，保证您连翻译都不需要了。"就这样，去美国的千载难逢的好机会落到了李刚头上。看着领导有点失望的样子，王凯这才回味过来，不由得懊悔万分。

在这个事例中，王凯显然情商有点低，因为在领导有着明显"弦外之音"的情况下，居然否定自己英语好的事实。也为此，他失去了千载难逢的好机会，只能让李刚陪着领导去美国了。不可否认，这件事情对于王凯未来职业生涯的发展都会产生一定的影响。由此可见，听不出领导"弦外之音"的后果也许会很严重。

在职场上，大多数领导的"弦外之音"都是职业性的，通常都与工作有关。因此，领导的弦外之音往往涉及职场上的敏感话题，诸如升职、加薪等。在很多情况下，领导之所以没有直截了当地说话，而采取弦外之音的方式，就是因为他们需要隐晦地表达。所以，我们一定要多多留心听领导说话，千万不要被领导明确说出来的话掩盖真相。换言之，我们必须综合考量实际情况，极力捕捉说话者的"弦外之音"。这样才能领会领导的真心，从而更好地完成领导交代的任务，从而顺利地得到领导的认可和赏识。

职场上的朋友们一定要注意，现代职场已经不是智商的天下，而是情商占据优势。与同事相处，其实也需要领会同事的真实意思，这样才能在职场上游刃有余，不至于误解他人的意思，也能更好地完成工作。当然，任何初入职场的新人都不可能做到完全领会领导的"弦外之音"，一则是因为人际交往的经验不足，二则也是因为不够了解领导，不懂得职场潜规则。因而，职场新人必须迅速积累经验，才能够提升自己，让自己成为真正受欢迎的职场新星。

情商高的人，从不会当面对老板说"你错了"

在指出上司的错误时，直接给上司扣个"你错了"的大帽子，其结局往往是悲惨或者是不尽人意的。

在当今社会，掌握你升职、加薪，甚至是职场的"生杀大权"的都是你的上司。在面对上司错误的决策或者是不经意出现的过失时，不分场合、不讲究说话方式地直接指出，更会让你"吃不了，兜着走"。

比如经理由于没有深入分析销售数据，做了错误的决策，使公司产生了损失。在补救大会的讨论上，你当着大家的面直言不讳地讲都是经理的决策失误，都怪经理。在他的心中就会对你埋下仇恨的种子，没准哪天找个理由就会把你踢出去。

再比如在年度总结大会的讲话上，副总将合作单位的数量由34个误念成了43个，你发现了副总的错误，快人快语地高声给予纠正，搞得副总脸上很没面子，事后他肯定不会对你有好印象，更别提给你升职加薪了。

人力资源部的小杨入职已经五年了，在工作上他能干又努力，做事情认真负责。但是让人不解的是尽管他工作出色，可职位上仍旧是人资部主管，一直没有升职。

一次，老板跟人力资源部、市场部，以及后勤部的中层管理开会讨论重新招聘几个新的销售业务员。

"我决定在市场部再招聘 10 名销售人员，并且学历要在本科以上，工资 2500 加提成。市场部和后勤部的人员协助人资小杨共同负责这个招聘工作！"老板一上来就说出了自己的决定。

"可是现在是淡季，我们没必要招聘这么多新的业务员呀！"还没等其他部门的上司说话，小杨就快人快语地提出了自己的意见。

"嗯，也许，但我要为接下来的旺季做准备。"老板回答道。

"根据我往年的经验，即使是旺季来临，我们也没必要招这么多新人。作为销售业务员，没有必要是本科学历。学历高的，不一定会跑业务；但学历高的工资要求肯定就高，底薪 2500 肯定没有吸引力！"小杨接着反驳道。

"以往的经验不代表今年也会像往常那样，而且本科学历工资拿 2000 块钱的人社会上也不是没有。怎么，小杨，你工作上有什么问题吗？"

"不是，我就是觉得我们没必要招这么多人，而且条件又这么严苛……"

"现在离旺季还有一段时间，我已经拿定主意了。如果你没法完成这项工作的话，我可以找别人来做！"不等小杨说完，老板就怒气冲冲地下达了命令。

小杨就是情商不高，不注意与老板的沟通方式，自以为经验多，在老板面前指手画脚，才会惹得老板不高兴。

在你"不留情面"地跟老板唱反调时，老板的内心潜台词应该是"我让你怎么做,你就怎么做,哪来那么多废话"。

其实,老板的心里肯定非常清楚你们以往的做法。所以当你在面对新的决策时,你就不要再拿以往的那一套理论来企图"教训"他。即使是他现有的决策出现纰漏,也轮不到你来指导。因为在老板的心里,员工就是要在决策下达的前期,绝对地服从!假如老板真的出现了什么失误,他也一定会在后期执行的过程中予以改正。要知道,今天老板能坐在那个位置上,一定不是偶然的,一定有他自己的"两把刷子"。

事实上,任何事物都有其内在的潜规则,现代社会更要讲究团队效应。作为一个老板,他更要树立起自己的威信。如果因他的不慎做了错误决定,或者是说错了什么话,你就直接对他予以指责,无疑是对他权威的巨大挑战。不仅会对他领导队伍的团结产生很大的影响,而且会让他很没面子。即使是一个度量很大的上司也无法忍受你的这种挑衅。

有句话说得好:"做事不由东,累死也无功。"生活中有的人就是情商低,虽然工作非常努力,却备受上司的冷落,郁郁不得志,甚至遭遇降薪、离职。而有的人情商很高,能够因为会说话而受到上司的关注,很快脱颖而出。这其中的差别正是由于他们对待上司,这个掌握自己命运的人,犯错时做出的反应不同。前者眼里揉不进沙子,总是不留情面地直接指出上司做得不对或者不好的地方;后者则会审时度势,注意说话的方式,在配合上司的同时,又能让彼此的利益最大化。

因此,一个情商高、会说话的人,或者是懂得跟上司沟通的人一定不会把"你错了"直接扣在上司的头上。

理性对待与同事的矛盾，好好说话解开心结

每个人对待事情的看法都不相同，尤其是在工作中，很多情商低的人总因为一点儿小事，就和同事发生不必要的冲突，最后对工作造成了很大的影响。因为冲突后一切都会恢复平静，工作仍旧要持续，可是你和同事却因为刚刚的"冲突"产生了隔阂，从而对工作造成了一定的影响。

办公室是一个公共场合，如果在此时你大吵大闹，不仅有损自己的形象，而且也违背了职员最基本的礼仪素质。所以，尽快化解矛盾，会给同事一种宽厚的姿态，而且这对于一个职场新人来说是非常重要的，否则，难免会生出事端。

还有两天的时间才到"十一黄金周"，但李小月却已经在给自己计划整个十一的行程了，因为过年以后工作异常忙碌，基本上都没有时间好好玩玩，因此李小月想趁这个机会好好给自己放个假休息一番，然后再去享受一下 SPA。

就当她还沉浸在幻想中时，突然从经理办公室传来了一个消息，原来是关于"十一"加班的事情，想征求一下大家的意见，如果选择加班，就提供三薪还有额外的餐补，如果不加，那么大家都好好回去放个长假。

不用想，李小月肯定是不同意的，因为自己好不容易放个假

休息下，怎么都不想加班，但不料当她表达出自己的意见后，却立刻遭到了一个同事的反对，原来那个同事认为既然有这么好的三薪机会，那还不如加班呢。

李小月一听，立马开始吹胡子瞪眼，和那个同事争执起来，而且慢慢地话还越说越难听，其他同事见到后立马劝和，可是两人的吵闹已经惊动了经理。经理出来后，知道了情况，虽然表面没说什么，但是在心里却对李小月有了另一种看法。"十一"长假回来后，李小月发现经理对自己再也不像以前那么器重了。

对于公司员工来说，因为工作上的关系，我们难免会和同事产生摩擦，但是切记要理性处理，不要盛气凌人，非得争个你死我活才肯放手。就算你有理，你赢了，大家也会对你另眼相看，觉得你是个不给别人留余地，不尊重他人的同事，以后也会暗地里防着你，于是你会失去真正的朋友。而且被你损了尊严的同事，也会对你记恨在心，这样你就无意中多了一个敌人。

为此，当与同事产生矛盾时，我们一要有话好好说，切忌把与人交谈当成辩论比赛。要知道，我们在和同事产生矛盾时，其实以每一个人的立场来看，都是对的。只不过因为都坚持自己的想法或意见，无法将心比心、设身处地地去考虑另外的角度，所以没有办法站在别人的立场去为他人着想。假如能够有一颗善解人意的心，凡事都以"你是对的"来先为别人考虑，那么很多不必要的冲突与争执就可以避免。

公司新开发了一种产品，可关于产品开发是倾向于都市型还是乡村型，公司有两派人产生了相反的意见，引起了很大的争论。

公司经理看到部下这么争论不休，便宣布暂停开会。当再次开会时，本来主张是乡村型的带头人却说："大家若主张都市型的话，我觉得也不无道理。因为我从小在都市生活，对乡村不太了解，所以我也不敢断言，我只是觉得应该是乡村型。我很愿意再听听主张都市型的意见。"于是争论变成了讨论，气氛好多了。

后来经过长时间的讨论，结论倾向于乡村型，本来对立的双方都欣然赞成。

与同事意见有分歧，完全可以讨论，但不要争吵。只要出于善意，讨论也始终是对事不对人，同样会令双方像促膝谈心一样有所收获。相反，那种毫无分寸和理智的争吵，一方激烈地攻击另一方，同时拼命地维护自己，这正是有良好教养的人所不为、也不该为的事。如果处处工于心计、气量狭小，流露出小家子气，那么，不但不会取得任何真正的成功，也体会不到任何团队协作的满足与快乐，更不用说能很好地解决冲突了。

那么日常职场交往中，高情商的人都是怎样化解彼此之间的矛盾呢？

一、学会以大局为重

所谓同事，大家都是因为工作关系而走到一起的，因此要具备团队意识，懂得以大局为重，形成利益共同体。彼此之间一定要有一个"团队形象"的观念，更多的时候要相互补台而不是拆台，切不可因为自身小利而害集体大利。如果我们都能够以大局为重的话，那么自然能够大事化小，小事化无。

二、有异议时求大同、存小异

同事之间由于经历、立场等方面的差异，对同一个问题，难免会产生不同的看法。因此，与同事有意见分歧时，既不能过分争论，也不可一味"以和为贵"，而应争取求大同存小异。另外还要学会掩盖矛盾，冷静地处理事情，这样才能让争论淡化，又不失自己的立场。

三、学会宽容、忍让与道歉

当同事之间发生了矛盾的时候，要积极主动地去找同事化解，别等同事来找你，不要认为先说对不起就丢了面子，如果你们继续争吵下去，那么你们两个人会一起失去友谊。如果你们重归于好，你们就都是胜利者。所以不要等待别人来解决问题，自己就应当负起责任。

有时候，当彼此产生冲突的时候，我们不妨借一个机会，比如在沟通工作的时候主动表示一下自己的态度和看法。如果觉得工作时间不方便，可以直接约一个时间一起吃顿饭，在轻松平静的情绪下交换一下彼此的看法。不一定要分出对错，关键是把事情说开，不要因此留下心结。

做高情商的下属，不去抢领导的风头

社会上流行一个笑话，说的是一些令人哭笑不得的 N 大"傻行为"：领导夹菜你转桌，领导发言你唠嗑，领导打牌你自摸，领导开门你上车……

虽然是笑话，但一针见血地指出，抢上司的风头，破坏上司的好情绪，确实是一种很愚蠢的举动。曹操雄才大略，乐于卖弄自己的聪明，喜欢听取众人的赞誉，可是自命不凡的杨修却一口戳穿"一合酥""门中'活'字"之类玄妙的西洋镜，数次夺了曹操的风头，不给曹操面子，最后被曹操以"鸡肋"事件为借口杀掉了。

同理，在职场上，不仅不能和上司唱反调，而且不能抢上司的风头。上司风光了，情绪自然就好，情绪好了，你的好运也就来了。如果你自命不凡或者自作聪明，就很可能破坏老板好情绪，给自己带来不良的后果。有时候，如果你发现自己表现得非常出色，却惹得上司突然对你很冷淡，你可能会百思不得其解。其实，这很可能是因为你一不留神抢了上司的风头，破坏了他的好情绪，因此触犯了职场的潜规则。

在职场上，上司是下属工作中的"帅"，下属是上司的"卒"。如果一个"帅"的风头让一个"卒"压下去了，那么上司就会认为自己"输"给了下属。虽然这些事情本来与工作无关，但他是不会容忍下属的这种行为的，因为他认为下属不把他放在眼里。

一家公司的总经理最喜欢的娱乐活动就是国际象棋。在他手下，业务部主管李阳是这方面的高手，而且棋艺与他不相上下。

平时，李阳在公司下棋喜欢逞强，常常连续胜某某同事几局，大败某某同僚几盘。总经理和李阳是棋逢对手，平时一起下棋时，经常是胜负相当。对此，总经理虽然觉得没什么面子，但是李阳是公司下棋高手，内心还马马虎虎说得过去。

但是，喜欢出风头的李阳遇到总经理这个对手后，却不想就此罢休，他暗下决心要打败总经理，于是他潜心研究各种棋谱。一段时间后，李阳的棋艺又大有长进，能走出许多新招。

有一天，总经理又找李阳切磋棋艺。结果，总经理在李阳的强势进攻下，一时招架不住，连败了三局。总经理在下棋时被李阳打得落花流水，觉得自己很没面子，顿时情绪烦躁，想想李阳平素直言直语，似乎也没有把自己放在眼里，心里就更有气，不久，李阳就被公司开除了。

"花花轿子人抬人"，身处职场之中，争强好胜，努力表现自己本没什么错，但如果你两眼一抹黑地去抢上司的风头就太不明智了。因为上司之所以成为上司，自有他的过人之处。在付出了数不清的辛苦和艰难之后，会有一种无论在任何场合都想做主角的欲望，所以，若有表现或出风头的机会和场合，请不要忘了将上司推到前面。

一般而言，无论在工作上，还是在其他生活细节上，上司输给了自己的下属，或者被下属抢了风头，都是难以接受的事实，都会令他们情绪不好。无论是在工作中，还是在业余生活中，只要你和上司在一起，要想不得罪上司，一定要在上司面前"会输"，让上司永远感觉到稍胜你一筹，永远让他们在你面前拥有好情绪，那你就永远是上司的好帮手。有些下属不懂得迎合上司的这种微妙心理，有意地抢了上司的风头，结果是自己露脸了，上司的脸色却难看了。

高情商的下属，应懂得如何适时地把自己的功劳归于上司，永远不要让你的光芒遮盖了你的上司，也就是切勿冒犯上司，不抢上司的风头，让那些位居于你之上的人时刻有一种优越感。

退一步海阔天空，进一步逼虎伤人。在与上司打交道时，身为下属，要想办法给上司留够面子，要善于把出风头的机会留给上司。这样，你就能"吃小亏占大便宜"，虽然"损失"了一点儿小小的利益，但是，上司开心了，情绪好了，会给你带来更多更实际的利益。相反，如果为了出一点儿风头，得罪了上司，破坏了他的好情绪，那么势必会给自己招来更大的麻烦。

Part 8

管理中的高情商，
下属永远唯你马首是瞻

放下你的"官架子"，当个不摆谱的领导

情商高的领导者树立权威从来不靠端架子，他们明白，把官架子放下来，为人处世低调一点，看似少了些官威，实则是提升了自己的人品和威信。所以作为管理者，应该放下官架子，提升自己的亲和力，和员工打成一片。正所谓是："人格无贵贱，人品有高低。"作为领导或管理者一味地把自己看成是官的话，要派头、逞威风，实则是降低了自己的人品，这样的领导不能服众。

认为自己高高在上的人最容易脱离群众。所谓的"官架子"，是用排场来抬高自己的傲慢姿态。时下一些人以领导自居，一副高高在上的姿态，居高自傲，听不进员工的意见，不关心员工的想法。平时喜欢对下属指手画脚，批评时更是声色俱厉，缺少谦和的态度。这些领导是否了解，他们的"谱"摆得越大，员工就越是对他们感到反感。长此以往，不仅不利于各项工作的开展，也会让员工和管理者的矛盾越来越深。

其实，当个好领导的秘诀，不在于"谱"摆得大不大，而在于是否具有亲和力，是否得到了员工的认可和信赖，能不能让员工真正地信服和敬仰。那些喜欢摆"谱"的领导，员工对他们总是"敬"而远之。所以，做领导的一定要放低姿态，只有这样才能换取员工对自己的忠心。

实践证明，具有亲和力的领导最讨人喜欢，更容易受到员工

的敬仰和尊重。他们不端"官架子"，常常"忘掉"自己的身份，和员工们打成一片。他们的亲和力慢慢化为了影响力，让员工死心塌地地跟着他们，为他们做事。

美国女企业家玫琳凯在长期的管理实践中发现，管理者和员工相处，最重要的一点就是放下"官架子"，以平等、关爱的态度对待他们，大家像朋友一样相处。这样，员工会以更杰出的工作业绩回报上级。

玫琳凯认为关心员工与公司赚钱这二者并不矛盾。她说："的确，我们是以赚钱为主，不过赚钱并不代表一切。在我看来，P与L的意义不仅仅是盈亏关系，它还意味着人与爱。"

玫琳凯不单单在工作、生活和相互交往上表现出对员工的这种关心与爱护，更表现在对员工错误的善意批评上。玫琳凯说："我认为，经常批评人的做法并不妥当。不是说不应当提出批评，有时，管理者必须明确表达出对某事的不满，但是一定要明确错在何处，而不是错在何人。如果有人做错事时经理不表明态度，那么这个管理者也确实过于'厚道'了；不过，经理在提出批评时，千万不要摆出盛气凌人的'官架子'，否则结果就可能会适得其反了。"

玫琳凯还认为，一个管理者应当做到当某人出错时，既指出员工的错误，又能保护员工的自尊心。她说："每当有人走进我的办公室，我总是创造出一种易于交换意见的气氛。这一点很重要，只要我越过有形屏障——办公桌，那么创造这种气氛则易如反掌。我的办公桌象征着权力，它向坐在一旁的来人表明，我有权指示他应该如何如何。所以我总是越过那个有形的屏障，以朋友和同事而不是以领导者的身份与人交谈。因此，我们同坐在一张舒适的沙发上，在比较轻松的氛围中研究工作、解决问题。有时我还同来人握手拥抱，这样做能使坚冰消融，能使对方无拘无束。"

在谈到与员工相处时，玫琳凯说："我认为，领导同自己的员工保持亲密的关系是正确的，相反，如果经理同自己的员工总是保持雇主与雇员的关系，那则是反常的。后者无助于最大限度地提高生产率，还会起到坏的作用。"

"当然，这并不是要求管理者一味地放低身段，凡事都有度，有时候也必须强硬和直言不讳。如果某人的工作总是不能让人满意，你必须要表明自己的看法，绝不能绕过这个问题。不过你必须保持既要关心又要严格的表达方式。换句话说，你必须既起到管理的监督作用，必要时能够采取严格的行动，同时又必须对该员工表示你的爱和同情，如此才能使他们愿意接近你。"

工作中，玫琳凯就从不摆"官架子"，更不会随意地呵斥员工，在她的许多雇员眼里，她就像是慈母一样。他们认为，玫琳凯是十分关心他们的人，他们对她非常信任。甚至她的雇员会对她说："我妈去世好几年了，我现在就把你当作妈妈……"每当听到这种话，玫琳凯就感到十分光荣和自豪。

是的，谁会喜欢一个整天板着脸的领导呢，如果你完全可以做到让员工喜欢你，那为什么不去做呢？最简单的方法就是因人而异地表现出你对他们的热情。你会发现：跟一种人打交道，最好的方式是握手；但跟另外一种人打交道，最好的方式则换成了拍拍背。我们都听说过大夫对卧床的病人表示关心，同病人握手的情景。同样，管理者也应在沙发旁边对来人表示关心。还有一点，就是你要把这些看作是感情的自然流露，做的时候要轻松和自然，否则会有做作的嫌疑。那样不仅不会拉近你和员工的距离，反而会让员工反感，感到你这个人很虚伪，以致更加远离你。因此，作为领导或者不同阶层的管理者都应走上前去，放下架子真诚地同来人握手、拥抱。这是管理人的一个绝招。

如果一个领导在下属面前处处"打官腔""摆官谱"，那么他离"孤家寡人"的日子也就不远了，因为大家都讨厌这样的人。一个企业就像船一样，员工好似水一样，水能载舟，亦能覆舟。领导纵然是船的主人，但如果没有员工的努力，船也不会安然前行，所以即便你是"官"，是领导，和员工的区别也只是分工的不同，何不放下你的"官架子"，与员工一起战斗呢？

耐心地沟通，让员工看到你的真诚

　　管理者对员工进行管理，彼此之间不可避免地就得进行沟通。通常而言，管理者与员工沟通往往会产生截然相反的情况：要么是管理效果非常好，要么是管理效果非常糟糕。事实上，沟通在管理中是一件非常考验管理者耐心的交流技术。虽然管理者与员工进行沟通需要具备一定的耐心，但也不要以为沟通就是一件多么难的事情。一个高情商的管理者只要掌握了与员工沟通的要领，与员工交流起来不仅会得心应手，还会让自己的管理效果足够明显。雪佛兰汽车公司的德鲁克曾经表示："在管理中，耐心的态度才是管理者和员工沟通最重要的因素，所以管理者和员工之间进行的任何沟通都不能离开耐心，而管理者想要打开员工的内心世界，就需要用耐心对其实施管理。"

　　德鲁克在雪佛兰汽车公司担任名誉管理顾问期间，成功地将自身总结的管理决策运用在了管理中。雪佛兰汽车公司技术部有一名老员工，他在日常工作中很少和别人合作，总是表现得我行我素。在德鲁克看来，即使这样的人技术再好、能力再强，也是不容易对其实施管理的，而从长远来看，这样的员工也会对企业发展带来不利影响。

　　后来经过打听，德鲁克弄清楚了这名员工的住址，并准备登门拜访他。对此，很多人都劝德鲁克最好不要去（在这些人看来，他不会见德鲁克），但德鲁克还是决定在工作之余去拜访他。他家里有一个 3 岁的女儿，那天过去拜访他的时候，德鲁克看到员工的女儿坐在地板上画画。于是，德鲁克对这名员工说："小家伙真可爱，我能教她画画吗？"起初，这名员工虽然不愿意，他甚至对德鲁克产生了排斥心理，但德鲁克的好态度最终还是使他答应了。于是，德鲁克就蹲在地板上教这名员工的女儿画画。画完后，这名员工说了一句："请你把画成老虎模样的画放在窗台上吧。"

德鲁克听完这句话后感觉非常奇怪，他认为将老虎模样的画放在窗台特别不好看。但这名员工说："这样做的目的是为了驱邪，还可以带来好运。我的很多朋友都说这间屋子里有邪气，需要用猛兽来避邪。"此时的德鲁克更加感觉奇怪，他心想：这个技术过硬的老员工竟然很迷信。为了让老员工袒露心声，德鲁克和他攀谈起来。在沟通过程中德鲁克得知，这名员工的妻子在一年前病逝了，他面对这一家庭突变感到不知所措。在这种情况下，他含辛茹苦地带着年幼的孩子，还得承受工作方面遇到的巨大压力，所以这名员工的情绪波动比较大，脾气也非常急躁。

在接下来的沟通中，德鲁克继续用平和的语气询问这名员工为何在工作中我行我素。这名员工将和其他员工意见不统一、其他人对他存有偏见等情况告诉了德鲁克，而德鲁克对其话语进行了分析和甄别，认为导致这名员工和其他人不愿意合作的根本原因是双方之间存在一定的意见分歧。意识到这一点后，德鲁克知道了管理中要改进的地方。于是在此后的管理中，他通过对员工定期的培训，以及让员工之间进行充分沟通和互动的方式化解工作中员工们的分歧，而这也为德鲁克的管理工作产生了良性作用。

上面的事例可以看出，管理者无论与任何员工沟通，只要保持耐心，就能很容易地和员工进行沟通。相反，那些缺少耐心并表现得操之过急的管理者是很难和员工交流成功的。在德鲁克看来，管理中的耐心沟通最起码的要求就是要学会认真倾听员工的谈话内容，因为在一定情况下，员工很愿意向一个知心人倾诉自己内心不为人知的事情，而这时候如果管理者可以做到耐心的倾听，沟通就等于成功了一半，无形中就为此后进行的管理奠定了良好的开端。假如德鲁克没有用耐心的方式去和员工交流，而是急切地想尽快达到管理的目的，在沟通过程中表现得过于急躁，那么，他不仅不能成为这名员工信任的人，也不会达到自己管理的目的。

可以说，管理中总是会遇到不同类型的人或事，而管理者耐心地和员工沟通就是彼此间建立良好关系的润滑剂。其实，耐心地沟通还可以有效化解彼此之间产生的陌生感，快速拉近员工与管理者之间的心理距离，并有效地促进彼此之间的友谊。

因此，管理者要想让管理水平发挥到极致，就需要运用一定的策略，而有效沟通是一种连接管理者和员工之间关系的纽带，这条纽带不仅可以让管理者轻松地对员工进行管理，还可以为企业的全局发展提供帮助。

给员工信任，让他们发挥出最大潜能

现在的员工要求自己不断学习，不断进步，他们越来越渴望施展自己的才华。《财富》杂志曾对工作环境比较好的100家公司的雇员做了一次调查，员工们自发工作的理由千奇百怪，如先进的技术、激动人心的工作、在同一公司变换职位的机会、执行有挑战性的海外任务、在公司内部提升的前景、工作时间灵活并且有非常优厚的福利等。但让人感到意外的是，很少有人提到"钱"这个因素。

其实，在我们身边就有这样一些不惜辞掉高薪工作的人，转而跳槽到工资较低的公司去工作。为此，有关研究人员曾针对150个高级职员进行调查，调查结果显示，41%的人是因为晋升的机会有限而选择跳槽；25%的人选择跳槽是因为没有得到应有的赏识；只有15%的人是因为钱的因素，由此看来，现在的员工越来越重视自身能力的发挥。

员工注重个人能力的提高，他们不愿意做重复、没有挑战的工作。不要认为你和员工之间只存在雇佣关系，那样的话，员工的积极性将无法得到充分调动，你的企业也不会发展壮大，更别谈激发员工的潜能了。如果企业把这两者的关系当成是互惠互利的结合体，那情况就大不一样了。企业作为员工施展自己才能的平台，理应给予员工最大的信任和支持，当员工在工作中充分发挥才能的时候也就是企业将要腾飞的时刻。

在康柏公司，当员工准备转投其他公司的时候，公司不会为了挽留而开出加薪的条件，因为他们知道金钱并不能真正唤回员工对工作的渴望和热爱。同样，有人在参加康柏公司的招聘时，招聘者会问他们"希望公司能给你什么"，康柏想告诉这些人：你在康柏得到的不仅仅是钱，前途和发展才是康柏给你最大的财富，这些"隐性利益"也正是员工所想的。"隐性利益"就像职业发展的"利息"一样，这个"利息"比薪资更具价值，更能激发员工为企业创造价值的愿望。

如果我们把一个组织看成是一个由个人组成的社会团体，团体里的人们都互相信赖，都能畅所欲言，都能有机会发展，那么，管理者就是那种社团文化的设计者，他有责任创造那种氛围，并让那种文化得以不断地完善和发展。

优秀的管理者知道员工需要的是什么。戴尔认为，把公司的经营目标与员工的补助与奖金相结合，显然是一个对他们有很大鼓舞效果的方法。但更重要的是，必须想方设法把"发展前景"的观念灌输给员工，并进一步提升他们的才能，使他们发挥自身的全部潜力。为此，就要提高员工不断学习的意愿和能力。

平日里，戴尔通常提出各种问题来引导员工进行独立思考和学习，包括如何才能让你在戴尔公司的工作变得更轻松、更有意义、更成功？如何了解顾客的喜好？什么是他们所需要的？他们希望看到我们什么样的进步？我们要如何改进？戴尔公司提出大量的问题供员工探讨，并且非常认真地聆听他们的意见。戴尔公司不管是在营运检讨、业务现状报告或小组讨论等会议上，都花了很多时间提问题。他们提出的议题，在现在看来是非常具有意义的。戴尔公司鼓励员工发挥好奇心，因为，没有任何一本操作手册可以提供给你最满意的答案。

在戴尔公司，员工们通过主动积极的思考、分析，在潜意识中已将自己当成公司的主人翁，所有的付出都是自动自发、心甘情愿的。

可见，真正意义上的人才，注重的是自己的成长性，自己的能力能否不断提高，是否有成长的机会，以及自己的发展空间是否与企业经营理念紧密相关，即对企业的认同感。要想留住真正的人才，让其得到发展的空间，就得靠事业来"攻心"。我们可以把留住人才比喻成是一项系统工程，贯穿于企业内部工作安排、内部晋升、员工培训、参与管理及职业发展计划等过程中。

如同"授人以鱼，不如授人以渔"的道理一样简单，每个人都渴望进步，没有什么比心理上的成就感更令人欢欣鼓舞的了。所以，让员工将企业提供给他的那份工作当作自己的事业，他必能自动自发地工作，最终的结果将是双赢。

做有容人之量的领导，不去嫉妒员工的才华

管理者，并不是要和下属比能耐，你需要做好的是管理、是善于用人、是怎样能让比你强的人为你所用，这才是一个优秀的、高情商的管理者应该具备的才能。

很多企业的管理者与员工们关系紧张，很难合作好，不是因为员工不合格，而是因为员工太过优秀。在现在的很多企业中，许多企业管理者在面对一些比自己优秀的员工的时候，总是一副争强好胜、处处高人一等的样子。此时如果员工比较聪明，懂得忍让一点的话，那么带给企业的不利影响还小一点。倘若这样的企业管理者碰上一个"愣头青"式的员工，那么可能会给企业带来非常大的不利影响。

事实上，一个员工越能够引起企业管理者的嫉妒心，越能说明这个员工非常优秀。学会与比自己更优秀的人相处，这是每一个企业管理者都应该具备的能力。如果企业管理者因为员工比自己优秀就产生强烈的嫉妒心，那么带给企业的损害就不仅是破坏企业良好的工作氛围了，还可能产生更严重的后果。

说起世界上著名的企业管理者嫉妒方面的案例，福特汽车公司的董事长亨利·福特恐怕是最典型的了。众所周知，他一手导演了著名的"艾柯卡事件"……

1978 年 7 月 13 日，"野马之父、汽车之父"艾柯卡像往常一样来到迪尔本的福特公司总部上班，但是当他走进办公室的时候，迎接他的却是一纸被辞退的命令。艾柯卡在福特公司工作了32 年，从一个小职员一步一步做起，凭借着过人的才华和优秀的管理能力，最终当上了福特汽车公司的总裁，而且在总裁位子上一坐就是 8 年。艾柯卡怎么都没想到自己会以这样的方式离开自己为之努力奋斗了一辈子的福特汽车公司。

　　事实上，艾柯卡离开福特公司的原因并不是他的管理出现了多么大的问题，而是因为他的管理工作做得太好了——董事长福特实在看不惯艾柯卡，因为艾柯卡在福特的管理业绩比他要好很多，这让一直自认为非常伟大的福特感到非常不快。在 20 世纪60 年代，艾柯卡就和公司的工程师们一起夜以继日地设计新车，最终成功推出了非常受年轻人喜欢的"野马汽车"。在推出"野马汽车"之后，艾柯卡又成功推出了"侯爵""美洲豹""马克3 型"等高级轿车系列，这直接让已经濒临破产的福特汽车公司迅速起死回生，而且还登上了全美第二大汽车公司的宝座，仅次于通用汽车公司。当时，福特对艾柯卡已经嫉妒到了极点，凡是和艾柯卡关系比较好的员工，不管是高级管理者还是中级管理者，都一律开除。一个一直对艾柯卡比较崇拜的普通员工，在艾柯卡离开之后给其邮寄了一束鲜花，结果这件事情传到福特的耳朵里之后，福特立刻辞退了这个他连长什么样子都不知道的普通员工。这就是著名的"艾柯卡事件"的始末。

　　在被福特辞退之时，艾柯卡已经 54 岁了——这是一个非常尴尬的年龄，创业的话时间有点不够，退休的话又感觉自己还能工作几年，所以艾柯卡非常迷茫和痛苦。就在这个时候，已经濒临倒闭的克莱斯勒公司聘请艾柯卡为总裁。于是，艾柯卡又再一次回到了自己喜欢的汽车行业。

令福特做梦都没有想到的是，已经被自己击败的克莱斯勒公司竟然聘请了那个自己非常嫉妒的艾柯卡，更令他想不到的是——艾柯卡率领的克莱斯勒公司很快就成为福特公司最强有力的竞争对手，并最终使福特汽车公司让出了很大的市场份额，同时也让出了美国第二大汽车生产商的宝座。可以说，这一切都是因为董事长福特嫉妒比自己还优秀的艾柯卡而惹出的祸。

企业管理者的嫉妒可能会让非常优秀的人才流失，而这些优秀人才还有可能反过来成为其十分可怕的竞争对手。因此，企业管理者保持一颗平常心，尽量减少自己的嫉妒心就显得尤为重要。

电影《天下无贼》中黎叔有一句经典台词："21世纪什么最贵？人才！"人才是企业的重要资源，是成功的保障，所以领导者要善用比自己更优秀的人，让企业的发展进入一个长久健康的良性循环。

对于管理者来说，妒贤嫉能无异于自掘坟墓，古人说："师不必贤于弟子，弟子不必不如师。闻道有先后，术业有专攻。"这同样适用于管理者和员工，对那些强于自己的员工，管理者更要予以重用，使其各尽其才，各尽其能，让他们能安心为企业奋斗，用他们的才华铸就企业的辉煌。

优秀的管理者，总能激发出员工的使命感

在企业管理中，尤其是企业管理者在建设一支团队的过程中，使命感是成就一个卓越团队不可或缺的要素。树立员工的使命感远比培养几名人才更为重要，因为使命感可以让一个人变得成熟、强大。而在强大的使命感的感召下，不仅可以充分调动起企业员工对待工作的高度责任感，还可以激励员工站在企业的高度，从企业的整体利益出发去思考问题，调动起员工工作的积极性。

有些优秀的企业管理者在创办企业之初，或许并没有意识到自己会有多大的理想和抱负，可能只是受利益的驱动，一心只想解决生活上的困难，或是由于自己的兴趣爱好而想通过奋斗实现自己人生的价值，甚至是为了自己心爱的人而必须让自己出人头地，等等。无论是出于什么让他们萌生了创业的动机，仅仅有这种主观上的动机还远远不够，无法使企业做强、做大。只有当创业者从无意识的使命感转变为有意识的使命感之后，才能带领企业在市场环境中得到生存和发展。

人人都说："要想成功，梦想最重要。"实际上，使命比梦想更能牵引一个人源源不断地取得进步。梦想可以让我们在艰苦的环境中，心里仍然存在着永不磨灭的希望之火，但真正让我们在艰难中坚守岗位、让我们心怀信念一步一步穿越沙漠靠近绿洲的是使命，是我们对他人、对社会、对梦想基于"我必须努力"

的信念。

白领精英、美女主播，准确地概括了凤凰卫视的著名主持人曾子墨的职场角色。曾子墨的成长经历十分骄人：在与哈佛、耶鲁齐名的美国"常春藤"盟校之一的达特茅斯大学经济系度过了四年的留学生活后，她经过多轮面试，加入了全世界两大投资银行中的摩根士丹利银行，得到了一份别人眼中的理想工作。

出色的工作为她带来了丰厚的回报：普通人难以企及的薪水和待遇；在全世界一流的公司获得宝贵的工作经验；可以和全球最有权势、最有影响力的商业巨头打交道，经常是在同一时间手上有四五个项目同时进行；作为公司里的优秀员工，她甚至可以自己挑选项目。然而，她为此付出的是常人难以想象的艰辛。

在纽约的两年是曾子墨一生中的黄金年龄，而她的生活中除了工作便再也没有其他内容了。普通工作的上班时间可能只分为上午和下午，但在摩根士丹利，一个工作日却会分为上午、下午、晚上和深夜四段。在无休止的工作中，曾子墨为了用精确的思维去定位股票上扬和下降的波动曲线，不得不成天泡在统计数据和大量的案卷中。

正当妙龄的女孩生活中会有许多娱乐活动，而曾子墨经常是通宵工作之后回家洗个澡换身衣服，然后继续回去上班，每天平均只睡两三个小时。曾子墨曾自述："如何挣扎着让自己保持清醒，我们各有各的绝招。有人用随身携带的铅笔尖在手臂上自我折磨，还有的男生把手放在裤袋里，不停地去扯腿上的汗毛。"

这样的工作和巨大的成就感带给曾子墨一次次的满足和激

动，这个奔波在世界第一金融中心纽约华尔街职场的财经界美女颠覆了外国人传统印象中温顺、听话的中国女孩形象。她的自信、能干、惊人的工作效率和成绩让公司主要负责人开始考虑重点招收中国职员，"他们也一定会像子墨这样棒！"这句话让子墨觉得无比的骄傲和自豪。

这就是著名财经节目主播曾子墨在进入凤凰卫视前的工作经历。现在，转换工作轨道的她表现依旧卓越。她在 2001 年年底加入凤凰卫视担任财经节目主持人，她主持的栏目包括《财经点对点》《财经今日谈》《凤凰正点播报》，是最受欢迎的财经节目主持人之一。

在新的工作中，曾子墨依然获得了耀眼的业绩。她依然要面对新的工作带来的压力和辛劳。能够支撑旁人眼中的理想工作、幸福人生的不是运气、不是外貌，而是不眠不休的努力，是比别人更多的付出。这就是曾子墨的工作秘诀。

没有"疯狂"的努力，怎会有卓越的成绩？你对工作有多高的期望，就要准备付出多大的努力。要享受工作的益处和快乐，同时也要准备承担工作的使命、迎接工作的挑战。在太多时候，工作的困难会超出我们的想象，这时要咬紧牙关挺过去。因为这会让你提升得更快、变得更强，这是你人生走向成功的必经之路。

不管你从事的工作多么普通，只要你选择了这份工作，就应该尽全力去完成，并尽自己的最大努力把它完成到最好，让自己成为这个领域的领头羊，这样你才能赢得别人的称赞和认可，才能最大限度地成就自我，让自己获得更多的机会。

贾斯是一个出租汽车司机，但却是一个绝不一样的出租汽车司机。

一个午后，一位顾客从一家餐厅出来，正好坐上贾斯的出租车，上车后，他告诉贾斯去火车站。这位顾客在外贸协会工作，因为不是什么大单位、建筑也不是太显眼，知道的人不多，所以他每次都说是去火车站，免得费力解释半天。

他刚说完，贾斯对他笑笑说道："你是不是要去外贸协会啊？"

顾客非常吃惊，也非常好奇，便细问贾斯是怎么知道的。贾斯说："第一，我看到你在餐厅外面是和朋友很随意地道别的，证明你们经常见面，你在本地工作。第二，你没有任何的行李，也没有一点出外旅行的神色，而且一脸轻松，足以证明你不是去赶火车的，所以你真正去的地方不可能是火车站；最重要的是，你手里拿的是一本普通的英文杂志，并且被你随意卷折过，一看就不是重要的公文之类的东西，而是供你消磨时间用的。一个把英语杂志作为普通阅读物的人既然不是去火车站就一定是去外贸协会啦，火车站附近没有大公司，就只有外贸协会一家单位的人才会这样读英语。"

贾斯侃侃而谈，非常自信，一路聊开来，因为他有自信的本钱。他平均每个月都会比其他出租车司机多赚几千元，因为他每天的行车路线都是根据季节、天气、星期详细计划好的。

比如说，周一和周五的早晨他会先到几个中档住宅区转悠，因为一个星期的第一天和最后一天比较重要，很多公司会在这一天召开周会，所以搭出租车上班的人比较多。9点钟左右，该上班的人都上班了，他又会跑各大饭店，因为这个点人们刚吃完早餐，出差的人要出去办事了，游玩的人也要出去玩了，而这些人均来自外地，其中部分人可以报销车费，所以搭乘出租车是最好的选择。

到了中午，午饭前他跑公司云集的大写字楼，这个时间，虽然员工没时间跑太远吃饭，但是经常会有公司中层邀请客户外出就餐，为快捷方便，一般会选择搭出租车。午饭后他又忙着跑餐厅较集中的街区，因为公务餐一般也就是这时候结束。

到了下午3点左右，贾斯一般选择银行附近。公司的财务一般都是在这个点去银行取钱、汇钱，这些人因携带了比平时多的现金大多不会去挤公交车而会选择乘坐较安全的出租车，所以载客的比率也相对较高。而到了下午5点钟，市区开始塞车了，他便去机场、火车站或郊区。到了晚饭后，他又会去生意红火的酒楼，接送那些吃完饭的人，然后自己稍稍休息一下，再去休闲娱乐场所门口。

凡是坐过贾斯出租车的人都对他印象深刻，不仅因为他公平厚道、从不欺客，更为重要的是他对顾客心理的细致了解。他无疑是个不一样的司机，甚至可以说是个很有职业水准的出租汽车司机。他是那种有自我实现驱动的人，即使他现在只是一个普通的出租车司机，他也明白自己的使命，并因为这份使命感，使他比其他出租车司机更受欢迎。

因为你觉得身上肩负着使命，所以会全身心地投入其中。因充满使命感而兢兢业业、踏踏实实，这不仅会促使你把工作完成到最好，还是保证你持续成功的核心因素。

职场上，"优秀"已经不再具备很强的竞争力，只有"持续优秀"才能让我们所向无敌。当我们给自己设定并不高的目标时，成功并不难；但当我们不断设定更高的目标去挑战自我的时候，成功将越来越困难。要想让自己一直优秀，你就得不断超越以往的成功，去追求更高的目标，这才是真正的挑战。

不管你的能力有多强，信心有多深，成为出类拔萃者肯定需要付出比常人多得多的努力。更重要的是，要去实现更高的目标，仅靠一时的激情和纯粹的金钱驱动是远远不够的，唯一能让你持续奋斗的动力就是使命感！只有秉持坚定的使命感，才能成就卓越，让自己离成功越来越近。

一名企业管理者要想建立一支攻无不克的团队，就必须充分调动起团队中每一名成员的使命感，并且通过引导的方式将其上升到企业的高度，并将这两种使命紧紧地拧在一起，如此才能增强企业的核心力和凝聚力。因此，在日本的很多大企业里，至今仍然采取终身雇佣的用人制度，其目的就是企业想通过这种管理方法，为员工提供工作和生活等方面的保障，以使员工没有"后顾之忧"。所以，那些受雇于这些日本企业的员工们，在工作中所想的并不是自己通过这个工作可以赚到多少钱，而是如何在企业为自己提供的岗位上实现自己的人生追求和梦想，如何充分体现出自身的价值。比如，日本的一些药企的研发人员，他们的所思所想，并非是新药研发出来之后企业会为此而赚到多少利润，而是考虑，一旦这种新药研制成功后，他们和企业会因此而治好多少个有相关疾病的人。日本企业员工身上的这种使命感，实际上已经远远超越了个人的得失与企业的兴衰这种微观意义上的使命感，而是直接将自己的使命上升到了社会层面。这就极大地调动了员工工作的积极性，从而驱使员工主动且全心全意地做好自己的工作。对企业而言，这其实就等于是拥有了一个个不是为了薪酬而努力工作的员工，并且他们不会因为在工作中遇到了什么困难就退缩，反而会为了达到最终的目标而更加奋发图强。

所以说，员工身上的使命感，往往会最大限度地激发出身上的潜能，即企业得以向管理目标推进的原动力。

员工的忠心，从来都不是靠金钱买来的

在社会上与人交往，你只有尊重别人，才会换来别人对你的尊重。交朋友的时候，只有你够意思，别人才会对你够意思。管理者在与下属相处的过程中也是一样，只有管理者付出真心，才能换来下属的忠心。

我们知道，大多数人都有一种"你敬我一尺，我敬你一丈"的心理。高情商的管理者，总能在人性上借题发挥，并收到令人满意的效果。管理者要想让自己的事业蒸蒸日上，蓬勃兴旺，就一定要在"攻心"上下功夫，下功夫要虚实结合，既要唱高调，又得哼小曲。就那些知识分子而言，光满足他们的薪水要求是不够的，还要给他们增派一位善于体恤他们、珍惜他们付出的管理者，这样才能激发出他们更多的工作激情。

在这个追求物质利益的社会，激励下属干好工作要靠金钱，但下属的忠心是用金钱买不来的。要学会在感情上投入精力和时间，管理者唯有对下属"够意思"，才能让其竭尽全力地跟着你走，为企业谋利益。

"人非草木，孰能无情。"作为管理者，想要让下属的积极性得到激发，就要选好时机对下属进行感情投资，用真心去换忠心。

杨虹是一家餐厅的一名普通员工。一天下班的时候，她不小心摔倒了，她挣扎着想自己站起来，可试了好几次都没成功。正好她的经理看到了这一幕，那位经理连忙过去扶起她，并且关切地问："摔得严重吗？要不我帮你叫辆车去医院检查一下？"

杨虹感激地回答："不用！没事的。""你看，都破皮了，还是擦点药，歇歇再走吧。"经理扶着她回到餐厅，然后又亲自给她上药，并且对她说，"如果疼得厉害的话，明天就别来上班了，算公假。"杨虹非常感激经理，从此以后，见人就说经理好，她还说自己偶尔想偷懒的时候，一想到经理对她那么好，立马就打消了念头。

如果管理者都能像这位经理一样对下属付出最真挚的关心，那么企业何愁不能壮大？要知道只有下属忠心才能促进企业强大。

人们有的时候不光需要物质上的奖励，更需要精神上的认同。人们只有生活在良好的情感环境中，才会迸发出更大的积极性和热情，所以，在竞争日益激烈的现代社会，管理者不可或缺的资源和财富就是情感投资。人类是感情的动物，对下属适时进行情感投资，往往会收到令人意想不到的效果。

"投之以桃，报之以李"，这是中国自古以来的礼仪之道，所谓"滴水之恩，当涌泉相报"，也是这个道理。你关心下属，他们就会不负众望，努力做事。所以，凡是卓越的管理者，都懂得"自己对别人够意思，别人才会对自己够意思"的道理。只有对下属表达出足够的关心，才能让下属感到领导对自己的重视，因此心怀感激，更加努力地投入到工作中。

用自嘲的方式，化解与下属的尴尬

对于自己的缺陷，人们大多都会很敏感，甚至去极力掩饰。其实，世界上根本就找不到十全十美的人，缺陷并不可怕，可怕的是自己不能正确地看待它，在心理上不能真正地接受这一事实。情商高的管理者，都是勇敢地承认自己的某些不足，并将别人的目光转移到自己更优秀的地方上，从而提高人们对自己的总体评价。而情商低的管理者，总想着掩饰自己的缺陷，结果越掩饰越糟糕。

曾是德国总理的科尔体态臃肿。有一次，在欧洲各国首脑会议上，正当大家聚精会神地开会时，突然传来"咔嚓"一声，随后又是"扑通"一声。大家循声望去，只见科尔坐在地上。原来他所坐的椅子因不堪重负，轰然垮塌。科尔幽默地说："我的屁股和椅子情趣不合，关系破裂了。"

面对如此难堪的情形，科尔并没有认为自己臃肿的体态是一大缺陷，而是坦然接受这一切并幽默地开自己的玩笑，仍旧自信地到处讲演，结果担任了好几届德国总理。可见，一个能正视自身弱点的人，往往能因此而更加努力，从而博得众人对他的尊重。正如科尔并不认为他的身体肥胖会影响他在公众面前的形象一样。

对于大多数人来说，一下子改掉长时间形成的一些小毛病、小缺点、小嗜好可能很有难度。对于这些缺陷，要能自我接受，充满自信，但也并不等于可以不加注意，放任自流。有些时候，我们可以想出一些聪明的办法来规避这些缺陷，使其不至于给他人造成坏的影响。下面这个故事中睿智的女劳模就值得我们学习。

有一位女劳模的事迹被报纸报道后，很多电视台都要采访她。她最后受邀，到全国知名的电视台做全国直播的演讲。这位女劳模天生嗓子沙哑，声音很难听。但她却没有因此退却，而是在演讲的开始，就自嘲地说道："大家听我的声音，可能觉得很沙哑，不好听。但各位不知道，这其实是一种时尚，现在的摇滚歌手，不都梦寐以求有这样的哑嗓吗？"

一席话，让台下的听众哄然大笑，女劳模不仅为自己打破了尴尬的局面，而且还赢得了长时间的掌声。最终，她的先进事迹报告会取得了圆满成功。

对于一些管理者而言，针对自己的缺陷要勇于自嘲，这样容易打破僵局，融洽气氛，避免不必要的尴尬。在与人交往时，他人可能会有意或无意地触碰到我们的缺陷，这时就需要运用幽默来解脱，这更能表现出我们宽宏大量的胸怀，并增强个人的威信。

在柏林的空军俱乐部，正在举行一场欢迎著名将领乌代尔将军的欢迎晚宴。在宴会上，一位士兵看到乌代尔将军后非常激动，在和乌代尔将军说话时，这位士兵突然手一抖，杯中的酒正好洒在乌代尔将军的光头上。士兵顿时吓得呆在了当场，宴会上的所有人都紧张得连大气都不敢喘一下。

但出乎所有人的意料，乌代尔将军并没有生气，而是笑着对这位士兵说道："老弟，你以为用这种方法能治好我的谢顶吗？我早就试过了，没有用。"

大家听到乌代尔将军幽默的自嘲后，都哈哈大笑起来。这位士兵也松了一口气，慌忙向乌代尔将军道歉。而宴会的气氛，也因为乌代尔将军的幽默更加热络了起来。

谢顶是乌代尔将军的缺陷，士兵把酒洒在了他的秃顶上，使得众人目光都集中在他的缺陷之处，将军却巧妙地以自嘲的方式破解了尴尬的局面。乌代尔将军的胸襟让人佩服。

作为领导，就应该像乌代尔将军一样，勇于正视自己的缺陷，不能因为下属不经意间暴露了你的缺陷而勃然大怒，这样不但会在下属面前暴露出自己的虚荣，更重要的是还会使自己的领导风度和威信渐渐地在下属心中淡化、消退。

Part 9

谈判中的高情商，
双赢才是最好的结局

把自己的建议，巧妙地放在对方脑袋中

在日常谈判中，假如对方有的地方存在问题，你可以提出建议，让对方发现自己的问题所在，从而通过思考来改变出现的问题。这样既帮对方解决了问题，还让别人拥有了一种成就感，何乐而不为呢？泰勒是著名的工程师，他曾经对自己的雇员使用这种方法，他说："让他们以为是他们自己构思出了那些别人逐渐灌输给他们的思想。"这样既达到了目的，又很好地维护了他人的自尊心，从而增强他的成就感和自豪感。

在谈判过程中，当我们发现对方的决策、意见不妥当的时候，不妨向他人提出一些建议、忠告。最高明的技巧是既提出自己的见解让他人采纳，又能让他觉得这个见解其实是他自己的想法。要让对方觉得正确结论是他自己得出来的，就不要直接去点破错误、失误之所在，而是用征询意见的方式，向他人讲明其决策、意见本身与实际情况不相吻合，使他人在参考你所提出的许多意见时，自己得出你想要说出的正确结论。这样一来，我们仅仅提出意见，就能使他人得出正确想法，我们会因为他人正确的决策而受益，他人也会因为这个想法是他自己的而自豪不已。

赫斯特年轻的时候，在旧金山开了一家规模比较小的报社。

有一天，当他得知著名的画家纳斯特来到了旧金山后，就很想请纳斯特帮他完成一幅漫画。此前，纳斯特曾帮他画了一幅漫画，是为了一款在电动车前装保险杠而设计的漫画，但纳斯特的第一幅漫画赫斯特不是很满意。因此，他想让纳斯特重新帮他画一幅。但纳斯特是著名的漫画家，如何能够说服他帮自己重新画呢？这是一个很头疼的问题。

有一天晚上，赫斯特邀请纳斯特共进晚餐，其间，赫斯特大肆夸赞纳斯特帮他画的第一幅作品如何好。但接下来，赫斯特又叹口气，说道："现在骑电动车的人真是鲁莽，在马路上横冲直撞，造成了很多小孩伤残。他们好像从来都不会思考小孩子的行为，而在马路上或巷子中总是肆无忌惮地快速骑着。"纳斯特听到赫斯特的话后，立刻跳起来说道："天哪！居然有这么大的危险。我立刻重新画一幅警示性更好、更出色的画，请把第一幅扔掉。"

于是，纳斯特当晚回到酒店中就开始按照赫斯特和他说的思路，认真地画起来。第二天，当他把作品送来后，立刻让在场所有人折服。

纳斯特在赫斯特巧妙的引导下，毫无怨言地、辛苦地画到第二天，交给了赫斯特更好、更完美的一幅画。在纳斯特来说，这是他自己的杰作，他为了能起到更好的警示作用而画出更加生动的作品。其实，这是赫斯特在不动声色中通过暗示的方式把自己的思路放到了纳斯特的脑袋中。每个人总是尽可能地去表达自己的思想，如果你想让他愉快地接受你的意见和计划，最好是让他觉得这一切都是他自己的想法，相信一切都源自他们自己的创作，而不是他人的思路。不露痕迹地把自己的思想植入他人的脑中，使得他心甘情愿地为你效力，最后他还会以为这个想法是他自己的。

　　戴尔·卡耐基曾经说过："如果你仅仅是提出建议，而让别人自己去得出结论，让他觉得这个想法是他自己的，这样不更聪明吗？"有关社会学家的研究成果已经表明，人们对于自己得出的看法，往往比别人给的看法更加坚定不移。因此，我们要想使自己的想法被别人接受，在许多时候应该仅仅是提出建议，其中所蕴含着的结论，最后留给别人自己去得出。而不宜越俎代庖，硬把自己的意见往别人头脑里塞。让他人觉得正确结论是他自己得出的，可以说是我们向他人提出意见的最高艺术。

　　孙子云："不战而屈人之兵。"孙子认为，能够百战百胜，还不算是最高明的将帅；只有不战而使敌人屈服，那才称得上是高明中之最高明者。同样的道理，在谈判中以智取胜：巧妙地提出自己的观点，让对方发现问题，并通过思考来解决出现的问题，让他人觉得那个想法是他自己的。这就是既容易达到谈判的目的，又会最大限度地保护他人的自尊心的做法。

让对方多说话，得以探听更多有用的信息

在谈判过程中，谁先开口说话，谁说的话比较多，谁就有可能处于被动的位置。俗话说："商场如战场。"在谈判桌上，为了避免受到对手的攻击，人们总是千方百计地遮掩自己内心真正的想法，而"紧闭嘴巴"则成为掩盖自己心理的有效方法之一。试想，若是什么都不说，对方也不知道你在想什么，自然是胜券在握。反之，谁说的话比较多，他暴露出来的信息就比较多，当然，他就只能处于被动位置了。因此，为了自己能占据主动位置，应该让对方先开口。更为关键的是，只有让对方先开口，你才能探得一些信息，在接下来的谈话中，你也能句句击中其心理了。

小张是一个推销员，经常是天南海北地跑。有一次，他出差到了杭州，工作任务是与商家洽谈一笔生意。

到了约定的时间，小张来到酒店，双方代表面对面落座。小张注意到对方是一个不苟言笑的人，而且，见到小张来了，他还在低着头看报纸。小张觉得比较闷，就主动向对方打招呼："最近杭州天气比较热啊？"没想到，那位谈判对手头也不抬，冷漠地回答："杭州都是这样的天气。"小张并没有放弃想交流的欲

望，他继续问："听口音您不是本地人吧？""噢，山东枣庄人。"对手抬起头来，警觉地看了小张一眼。"啊，枣庄是个好地方！读小学的时候，我就在《铁道游击队》的连环画上知道了。两年前去了一趟枣庄，还在那边玩了两天呢，很不错，真是个好地方。"听了这话，那位枣庄人精神为之一振，马上站起来放下报纸，先是递烟，又与小张互赠名片。两人越聊越高兴，晚上相约一起进餐。就在当天晚上，双方就谈成了一笔生意。

如果对手不先开口，小张就无法详细地了解对方，自然也就没有办法谈成生意了。在谈判过程中，谁先开口，谁谈论得比较多，谁暴露的信息就比较多。而作为其对手，我们应该从其所谈论的话题中洞悉其心理，这样，在接下来的言语交锋中，我们就能对准其心理，达到谈判成功的目的。

有一家美国的汽车公司，正准备采购一批汽车坐垫布。当所有生产厂家知道这个消息后，立刻都送来了样品竞选。这家汽车公司负责采购的人员看到所有公司送来的样品后，便要求各家都派一名代表来洽谈，再决定选用哪家的货。

琪勃是其中一家厂商的代表，就在那一天，他却患了严重的喉炎。当琪勃先生和厂商去见汽车公司那些高级职员时，他嗓子哑了，几乎连一点儿声音也发不出来。他们被带进一间办公室，跟里面的纺织工程师、采购经理、推销主任和那家汽车公司的总经理都见了面。当琪勃站起来想要说话时，却只能发出沙哑的声音来。大家是围绕一张桌子坐着的，琪勃的喉咙发不出声音，只好用笔把话写在纸上："诸位先生，我嗓子哑了，不能说话，你们先说吧。"于是，其他厂商代表纷纷开始讲起来，每到一个厂商讲话的时候，总经理都会提出自己的某些看法。而坐在旁边的琪勃则会把那些信息记下来，再综合自己产品的信息思索一番。

等到大家都讲完了，琪勃开始嘶哑着声音说："大家都说得差不多了，我来说说我们公司的产品吧……"由于之前琪勃收集了经理的一些信息，他已经知道了经理看重产品的哪方面，不介意产品的哪些方面，因此，他避重就轻地谈了公司产品的特点，短短几句话就赢得了经理的认可。当然，最后，这家汽车公司向琪勃订购了五十万码的坐垫布，总价是一百六十万元。

也许，这份订货单是琪勃至今为止所经手过的最大的一份，但是，琪勃很清楚如果不是自己喉咙嘶哑，说不出话，他就会失去那份订货合同，因为他在之前对整个事情都有错误的观念，以前，他总是觉得自己越先开口，越能掌握话语的主动权。但通过这次经历，琪勃发现原来让别人先开口讲话，这是很值得的。

潜能大师安东尼·罗宾说过："对成功者与不成功者最主要的判断依据是什么呢？一言以蔽之，那就是成功者善于提出好的问题，从而得到好的答案。"在谈判过程中，善于提问是很有必要的，一个好的提问可以引发一次愉快的沟通，而一次愉快的沟通会让你获得更多的信息。

　　成功的沟通是尽可能地让对方多说话，而沟通失败的原因就在于自己话说得太多了，特别是一些推销员，他们很容易犯这个错误。其实，要想取得良好的谈话效果，你应该让对手多说话，表达出自己的意见，或者说，应该你问他问题，让他来告诉你一些事情，这样你才能搞清楚对手到底在想什么。

模仿谈判对手，打造更多的相似点

有经验的谈判人员，总会有意识地创造与谈判对手相似或相近的特点，以促成谈判和交易。事实证明，你和对方相似的地方越多，成交的可能性就越大。因为每个人都喜欢和自己有相同点的人打交道，如果你能做到"以其人之道还治其人之身"，你绝对能够成为谈判中的高手！

小王曾遇到一位很顽固的客户，无论他如何努力，客户都对他的保险不感兴趣，会毫不留情地拒绝他。小王并没有放弃，而是一直在考虑"进攻"的方法。经过调查，小王发现这位客户说话时喜欢在句尾加上"是不是呢"几个字，而且不管这句话是表示肯定意味的还是表示否定意味的。比如，"我们的计划很好，是不是呢""你们的工作表现很好，是不是呢"，等等。被他这么一说，许多人都难以知道他究竟想表达什么意思，只有很少的人知道他所说的每句话的前半部分才是真正想表达的意思，后面的"是不是呢"是习惯使然。小王了解这一点之后，就再次找上门向其推销保险。

刚一进门，这位客户就认出小王了，马上说："你怎么又来了，是不是呢？"

小王立即回应道："今天是来看望您的，是不是呢？"

"难得你会来看我，是不是呢？"客户的情绪有所缓和地说道。

"您今天看起来很精神，是不是呢？"小王又说道。

这时，客户注意到小王也习惯在句末说"是不是呢"，于是问："你为什么总说'是不是呢'，是不是呢？"

小王说："这是我的口头禅。"小王说完，两个人都会心地笑了。最终，客户很痛快地在小王这里买了一份保险。

事例中的小王，经过调查发现客户喜欢说"是不是呢"，然后"以其人之道还治其人之身"，在与其交谈时故意说"是不是呢"，这一点引起了客户的注意，使客户认为两个人在说话方式上有了共同点，这在很大程度上拉近了彼此的距离，并最终促成了交易。可见，模仿谈判对手说话也能够赢得谈判。

谈判过程中，你往往会发现，谈判对手的语调高低、声音粗细、语速快慢都有所不同。有的声音响亮，有的语调很轻，有的说话调皮，有的说话很倔强……但不管怎样，对方的这些语言特点你都需要掌握，并尽可能模仿对方的口吻说话，这很容易吸引对方的注意，帮助你赢得谈判。

除此之外，你还要学会根据谈判者的不同选择适宜的谈话方式。比如，对方说话坦率耿直，你的言语就要尽量真诚；对方爱挑剔，你的言语就要力求周密；对方羞涩，你的言语就要尽量含蓄；对方急躁，你的言语就要力求简短；对方严肃，你的言语就要尽量认真；对方活泼，你的言语就要力求诙谐。

总之，模仿谈判对手，是拉近你和对方之间距离的一种方式。

"以其人之道还治其人之身"能够很好地促成谈判和交易。但是，在模仿中要尽量做到巧妙、自然，不要让对方感觉到你的行为虚假做作，带有讨好的感觉。否则对方会认为你是在迎合他、奉承他，认为你另有所图，这个时候谈判就很有可能会破裂。

一问一答，彰显谈判桌前的高情商

　　问题是心灵的走廊，它能使谈判双方都涉足对方的情境之中，只可惜大部分的人在谈判结束后才想到好问题。

　　在谈判过程中，有时候你的对手会由于你的问话而有被压迫感，显得惶恐不安。这或许是由于你提出的问题不够清楚，对方不能了解你的用意，因而产生了误会，自尊或自信受到了打击。换句话说：当对方由于你的发问而感到不安时，你必须马上采取行动，以消除他的不安。你所应采取的行动是：再进一步讨论核心问题，或是直接将你的意思表明。

　　解除对方不安的方法是：不露痕迹地转移话题。然而，转移话题时一定要把握新话题的方向，并且要做得自然，丝毫不露痕迹。最重要的一点是：我们必须看透对方心理变化的整个过程，还要预测出问话可能令对方产生的任何情绪变化。记住：问话时，绝对不能超出话题范围，不然会弄巧成拙。

　　下面这个律师问话的例子可以参考。

　　"你是亲眼看到打架经过的吗？"
　　"没有。"
　　"那么，你是在他们打完后才到现场的？"
　　"是。"

律师又问："那你怎样证明被告把原告的耳朵咬了下来？"

"我看到他将原告的耳朵吐出来。"

有人将问话分为三个步骤。

一、问什么？

在问话的时候，尽量不要刺伤对方，更不能刻意表示自己特殊的地位。举个例子来说：假如你是个主管，有一天，你的一个部下迟到了，你上来就问："现在几点了？"当然，你并非真的在问他几点钟，只是借这个问话来表示你主管的身份罢了。可是，假如他是家中有事才耽搁了，身为主管的你是否可以换另一个完全不相同的语气问："你今天怎么迟到了？是不是家中发生了什么事？有什么我能够帮忙的吗？"

二、怎样问？

不要提出一些有压迫性的问题，令对方窘困不安。只要你能认清自己所期望的答案方向，问话就能够消除对方的疑虑。在提到有关将来的问题时，你自己要先衡量一下：你希望得到的是确切的答案，还是约略的答案。

你应记住一点：你要努力在问话中诱导对方向你所期望的目标靠拢。假如你是推销液化气的售货员，你最好不要问你的顾客："先生，你是要大罐的，还是小罐的？"你最好是问："先生，来一罐大的，好吗？"

三、什么时候问？

假如你想要取得谈话的控制权，或是不希望话题被打断，那么，要注意使用问话的技巧。举个例子：在一项交易进行到决定性阶段时，买方的太太忽然从家里打来了一个电话，打断了交易的进行，使你不能再继续谈判下去。

这时，你可以轻松地说："噢！人生大事自然要交给太太决定，不过，交易这种小事情总要自己做决定吧！你说是吗？我们总得决定一下：这笔拖拉机生意还要不要做。我说的是 400 台拖拉机的生意……"

在另一种情况下，当你希望别人注意你感兴趣的话题时，利用问话技巧，也是一个非常好的手段。

举例来说，在会议中，你期望大家讨论的主题是：产品制造的程序与方法，可是，在经过一个小时的讨论之后，大家依然在市场调查的问题上打转。这时候，你可以非常诚恳地对其中一个人说："你对市场调查的独特见解的确很了不起，只是，能不能请你就产品制造方面，再提一下你的意见呢？"这样，你很轻易地就把主题转到你所期望的重心上。

在谈判中提问题并不很容易，通常一个人提问题能力的高低，决定了一个人谈判能力的高低。

提高问问题的能力，要掌握以下要点：

（1）不要提可能刺激对方的问题，除非你想引起争端；

（2）不要质问对方的诚实，因为他们不可能因此比较诚实；

（3）不要打断别人的话，即便是很想问问题，也不要这么做，用笔把问题记下来；

（4）不要认为自己是包青天，记住谈判并非问案；

（5）不要随意提问，应注意掌握时机；

（6）不要为卖弄自己的小聪明而去提问题；

（7）不要在你的同事尖锐提问的空当，强行插进自己的问题。

你要做的应该是：

（1）事先草拟问题；

（2）把早先的接触当作搜集事实的机会，结果在谈判之前有可能就已经浮现；

（3）召集参与谈判的人集思广益，一定会发现一大堆好问题；

（4）有胆量问那些听起来显得很笨的问题；

（5）问那些很蠢的问题，这通常可以起到抛砖引玉的作用；

（6）能够向买家的秘书或是制造商、工程师提问；

（7）有勇气咨询题外话，往往会有玄机从中泄出；

（8）利用间歇时间设计新的问题；

（9）在提问后保持沉默；

（10）能够在对方企图躲闪问题或是含混了事的时候，咬住不放；

（11）问那些已经知道答案的问题，它们能帮你评估对方的可信程度。

在谈判桌上，"问"可看作一种企求；"答"当看作一种退让。发问适宜，答得机巧，谈判自然无往不利。

制造紧迫感，让对方在压力下迅速成交

在有些谈判中，对方已经具有了成交的意向，但是这种意向不强。这时候要想促成谈判的成交，你就要通过各种方法，给对方制造一种急切的紧迫感，让他觉得如果现在不成交的话，将会吃大亏。而贪便宜是一些人的天性，这时候他们往往就会立即下单。

在海南三亚有一幢高档住宅小区，整个小区只有10套房子，而且房价贵得惊人，虽然有很多人对它感兴趣，但是都被居高不下的价格给吓退了。

有一天，一位老板听说这里房子不错，于是就想去打听一下。他来到售楼处时，对这幢住宅区赞叹不已。于是聪明的推销员马上迎上前去说："先生真是有眼光，这种海景房是我们公司所有小区中最豪华的一种，它们是世界上最优秀的设计师设计的，我敢肯定地说，在整个三亚，您再也找不到这样将风景和设计完美结合的海景房了。住在里面绝对是无与伦比的至尊享受。您自己看看，我们小区像这样的房子一共也就只有10套而已，而且现在已经所剩不多了。我刚刚听到另一个工作人员在电话里跟别人约好了下午来看房子。我知道您也很想买，所以我建议您立刻做出决定，否则很可能就没有机会了。"

尽管这个老板觉得有些贵，但还是由于生怕失去了最后的机会，当时就交下了十万元的定金。

这就是这个推销员给这个老板造成的一种紧迫感。

这里谈判者采用最后"机会"的说话技巧，让对方紧张起来，使他为了争取到最后的机会，主动地交下了定金。这就是谈判中制造紧迫感的好处，可以让对方在压力之下马上做出成交的选择。

毋庸置疑，谈判中，最重要的莫过于取得谈判的主动权，而要做到这一点，你就需要掌握对手的心理。通常情况下，人们在没有退路时，都会退而求其次，接受他人的建议。古语有云"不到黄河心不死"，就是这个意思。从这一点看，我们在与对手交涉的过程中，就可以虚张声势，到关键时刻再说话，巧用最后时机，适时把话说绝，让对手觉得无路可退，从而令其就范。

某个周五的下午，某部门主管代表公司与另外一公司同级领导在酒店里讨论合作事宜，但是讨论了很久，都未能得出一个好的解决方案，这样讨论下去，只会耗费更多的时间，眼看就要到下班的时间了，这位主管发话了："今天大家的兴致都特别高，非常好，不过仍然没有一个比较满意的方案，要不这样吧，反正今天是周末，我们加班讨论，如果还是决定不了，星期六再接着谈！各位觉得如何？"全场哗然。过了一会儿，还没到晚上九点，新的方案就出来了。

为什么会出现这样的结果？因为忙碌了一周的他们都在期待着周末，没有谁希望自己的周末耗在无聊的办公室里，因此，他们只想快点结束会议。而在谈判过程中，就需要反过来处理，一定要撑到最后一秒钟。能在谈判中取胜的人往往就是能够顶住"最后期限"这个巨大压力的人。

两方交涉，当最后期限临近时，彼此在内心都会与自己进行一番较量，离最后期限越近，压力也就越大，一旦屈服于这种压力，就只能被别人牵着鼻子走。很多时候，在谈判结束前某一方会出现一些大的让步就是这个原因。

人们在"最后期限"的面前，效率总是会更高，而制定"最后期限"就是一种损失约束手段，通过拟定最后期限让责任承担人了解到如果不按期完成将会有更大的损失，而人类趋利避害的本性就会驱使他们及时完成任务以保护自己。

无论是进行政治谈判、军事谈判还是商务谈判，都可以使用最后期限这一"非常规做法"。之所以称其为"非常规做法"，是因为它是一种在特定的环境中不得已而为之的策略。最后时限不但针对对方，同时也给己方套上了枷锁，双方在其中都没有回旋的余地，所以很容易造成双方的尖锐对抗，导致谈判破裂。所以，我们在使用这一策略时，一定要在考虑成熟的情况下才能使用，否则后果不可收拾。最后期限若成功，能有效地逼迫对方让步，己方获取巨大的利益；但若使用失败，不仅与对方的关系恶化，己方还丧失了宝贵的谈判机会，因此最后通牒是一把双刃剑，使用时要慎之又慎。

一、巧妙利用时限

在谈判过程中并不是可以随处使用"时限"，大部分都会在最后紧要关头巧妙利用，迫使对方做出让步。另外，当你提出了时限的要求时，就要坚持撑到最后一秒，切勿轻易改变决定。

二、对方欺软怕硬，你应寸步不让

欺软怕硬是人们一种常见的心理，如果对方表现得十分强硬，而且不讲理，你也不必一味地退让，反而应该寸步不让，毫不犹豫地展现出自己的原则，大多情况下到最后对方都会屈服于你。

谈判结束后，永远不要忘记向对方表示祝贺

什么才是成功的谈判？那就是在谈判之后，你让对方感觉到他赢了。也许很多人对于这个想法都不认同，但是你也可以把这种向对方表示祝贺的做法当成是一种礼节。当你的对手和你谈判之后有了这种胜利的感觉，他往往自鸣得意，忘掉去计较一些小部分的得失。也就是说，当你在谈判结束后，无论你感觉对方的谈判技巧有多么糟，你也要记得祝贺，尊重对方是谈判的基本要求，如果你连这一点都做不到，那么就没有合作的可能和必要了。

一个完整的谈判过程，包括开始、进行与结束三个方面。对于这三者，一个优秀的谈判者应该会兼顾。谈判开始时会格外注意措辞，谈判过程中会努力掌握好说话技巧，谈判结束时该注意的地方绝不会疏忽。但是，很多谈判者并不优秀，他们对于谈判的开始阶段和进行阶段可能会格外注重，而对于结束时该注意的地方却往往会忽略。

其实，谈判结束后，还有很多话需要说，比如，与对方握手表示祝贺，离开时与对方微笑告别……这一环节注意了，能帮助你给对方留一个好印象，即使此次谈判没能促成合作，实现共赢，那也能为下次谈判埋下伏笔。

王辉的公司是做服装的，最近他们生产的一批旗袍销量很好，

他们希望采购更多更好的布料，以彻底打开这款旗袍产品的市场。

王辉在经过筛选后，对一家公司的面料很满意，但感觉价格还是有点高，因此他和对方的领导预约了时间，希望能够进行一次商谈，看能否把价格降下来。

王辉来到这家工厂见到负责人后，拿出自己的采购方案，想告诉对方的负责人，自己采购量大，而且这款旗袍他们是用心设计，会很快提高知名度，对方的原料也会因为质量上乘在业界营造出很好的口碑。

但王辉刚拿出方案，对方的负责人却立刻露出了为难的表情，先说道："实在不好意思。让您大老远跑到我们这小工厂。我们公司的布料里加入了蚕丝，所以质量上乘，摸上去手感也很好，这应该也是您看上我们公司面料的原因。"

王辉点了点头。对方负责人叹了一口气，继续说道："但因为今年的蚕丝产量的减少，我们生产的布料也有限。在您打过电话之后，另一家公司以更高的价格和我们签订了采购合同。本来我让秘书把这个消息转达给您，省得您还得往这儿跑一趟。但我那秘书也是糊涂，居然忘记给您打电话了。"

王辉听到这里，明白了今年想从这家工厂大批量采购布料已经是不可能了。但王辉没有因为对方没有通知他而生气，也没有因为这次采购失败而表现出很沮丧，而是面带微笑地说："没关系。我们迟了一步。"离开前他还与对方负责人握手，友好地说："谢谢您能抽时间来见我。也祝贺您今年的布料卖出了更好的价格，希望明年您的布料一出厂就能够立刻想起我们，到时候我们再合作。"

对方负责人以为王辉会很生气地离开，没想到他竟然友好地加以祝贺，这给他很大的触动，他回以真诚的微笑，说道："一定。"

第二年，当王辉在公司忙碌的时候，接到了一个电话。去年那家布料公司的负责人亲自给王辉打了电话，告诉他今年的新布料已经出来，请王辉第一个去观看。王辉最后以公道的价格拿到了他需要的布料，做出的旗袍质感更好，因此更加畅销。

王辉起初在谈判结束时的一句小小的祝贺，一个友好的握手，给对方负责人留下了深刻的印象，赢得了对方的好感，让对方在第二年第一个想到王辉，并以合适的价格签订了采购合同，最后实现了双赢。这就是"道贺"的魔力。

谈判结束阶段，别忘了跟对方道贺，即使这次谈判没有成功，你可以对他们跟别人的合作表示祝贺。例如："虽然我知道，我们并没有争取到理想的结果，但很幸运的是，你们让我们从中学到了很多东西，谢谢你们，也祝贺你们。"

当然，假如你们促成了合作，那更要道贺，你可以说："预祝我们合作愉快！"你也可以说："久仰你们的大名，今天算是开了眼界了，佩服你们，也恭喜你们！"

当然，道贺的话，也不是越夸张越好，更不是赞美对方的话越多越好；相反，应该点到为止，贵在真诚。假如对方在谈判中的表现略胜一筹，不妨心悦诚服地表达一下自己的赞美，同时送上自己的祝贺，这样对方听着舒服，也会深深地记住你的礼貌、周到与谦虚。

总而言之，谈判结束后，要记得向对方道贺，注重这一细节，对未来的双赢合作有益无害。

适当让一些利益，打造双赢的结局

要想在谈判桌上说服别人，往往就得相应地给人家带去一定的利益。可是有时候，并不能马上给人带去现实的利益，但至少也要让人看到自己的价值，或者是许诺给对方以利益，这样才能更好地打动别人。

法拉第是发电机的发明人，没有他，英国第二次工业革命就很难掀起狂潮，也就没有今天繁华光亮的世界。而他之所以成功，与他争取到政府的资助有很大关系。

那时候，法拉第由于没有足够的经济来源，在研究发电机的过程中，遇到过严重的经济危机，如果没有人资助他，那么研究就只好放弃了。他想了好久，最后决定向政府寻求研究资助。

当他带着一个发电机的雏形，求见了英国首相史多芬，向他满腔热情地讲述着这个划时代的发明时，对面的史多芬，反应始终非常冷淡，对他的发明创造没有表现出丝毫的兴趣。

法拉第知道不能说动史多芬，没有政府的资助肯定就没有戏了。眼看他对这种科学研究没有兴趣。于是他灵机一动，就说起了这种发明将会带来的收益："首相，这个机械将来如果普及的话，必定能大大增加全国的税收。"

史多芬听到能够增加政府的税收，马上就来了兴趣，开始认真地询问这个发明的相关内容。就凭那一句话，首相改变了初衷，最后拨给了法拉第一笔不小的研究费用，让他完成了这个改变世界的发明。

法拉第求助史多芬，费尽心思也没有能够把他说动，但是让他听到资助自己政府将会取得巨大收益后，终于成功地获得资助，否则也就不会有法拉第的成功，也不会有英国工业革命的成功，更没有整个世界的辉煌发展。

在商务谈判中也是同样的道理，如果我们能向对方阐释清楚"利益均沾"的道理，那么便能拉近彼此距离，让氛围和谐起来，谈判将进行得非常顺利。

据说，希尔顿在建造达拉斯希尔顿饭店时，曾经因为资金不足，被迫停止了施工。

为了顺利施工，希尔顿只好找到他的房地产商——杜德。

杜德听到希尔顿面临的困境之后，只是事不关己地回答了一句："那只好停工了。"

希尔顿说："但是这样下去，你的损失比我还大。"

杜德听到自己的利益即将受损，立即说："你这是什么意思？"

"假如我的饭店停工的话，势必会对你的地价造成影响。假如我趁这个机会宣扬一下，我之所以停工了，是因为盖在这里不好，我想另选地点，那你的地皮就会变得不值钱了。因为很少有人会相信我会没有钱……"

杜德认真思考了一会儿说："所以你来找我的目的是什么？"

"我有一个互惠互利的方法，就是你出钱帮我把饭店盖好，然后我再花钱向你买。"

杜德疑惑不解，希尔顿解释说："意思就是说饭店你来盖，再卖给我，我分期付款给你。更重要的是，只要饭店继续盖下去，附近的那些地都有增值的可能，如果我再帮你宣传一下，到时候你一定不会吃亏。"

虽然希尔顿的这种手段有点近乎耍无赖的感觉，但是他说的都是事实，所以杜德只好同意了希尔顿提出的条件。

在上面这个事例中，希尔顿在谈判时始终围绕彼此"利益"的关系在说，让对方充分意识到了合作的获益以及不合作的损失，这才在谈判中取得了成功。

试想，如果希尔顿自始至终都围绕着"你必须借钱给我"这个中心说服杜德，说自己多么迫切地需要帮助，说自己会记住这份情谊；而不告诉杜德这样对他来说有什么好处，不这样做又会有什么坏处的话，杜德是绝对不会动心的。相反，他可能会始终保持一种事不关己的态度。

谈判中，我们不妨明确地告诉对方，双方合作后，彼此的利益都会增值。而只要真诚地向对方阐释清楚"一荣俱荣，一损俱损"的道理，就很容易拉近双方的距离，促成协议的达成。真诚是一个人难得的品质。有时候，一个人的成败不在其他方面，而在于他是否真诚。日常生活中如此，谈判中更是如此。

合约没有签字，谈判永远不算结束

如果有人问我谈判中最重要的环节是哪一环，那么我会告诉他，当然是签协议。不论你把谈判的开场、中场、僵持阶段处理得多么漂亮，最关键的还是拿到一纸合同，让自己的努力最终开花结果。但是，当谈判进入最重要的一环，即签合同时，千万不要因为过分兴奋而忽略了对于合同的审查。

曾经有人在签合同时因为一时疏忽而铸成大错，这是因为他们的谈判对手偷偷地修改了谈判协议，致使他们最终签了一份跟原来完全不一样的合同。

当然，一般人在进入签合同阶段时心中总是难以抑制自己的兴奋，于是也就没有耐心去重新审阅一遍合同。更何况，现在的协议动辄十几页甚至几十页，如果从头审读这么长的协议，就算你有耐心看，对方也不一定有耐心等。

在谈判之时，双方对主要议题往往抱着一个高度重视的态度，但是对于一些细小的协议，比如付款日期、交货方式，很可能就会三言两语地带过去，如此一来，就不可避免地出现模棱两可的情况。

对于一个缺少法律保障的合约，如果谈判双方都能非常诚信地执行谈判结果，这当然没有问题，是件皆大欢喜的事情。但是，如果偏偏有人针对这个模棱两可的协议，做出背信弃义的事情来，那就无异于搬起石头砸自己的脚。遇到这种情况，我们能做的要么终止合作，要么狠狠地把对方骂一顿。然而，但凡遇到这种背信行为，若是没有契约的保障，在空口无凭的情况下，想要挽回利益那简直是水中捞月。

俗话常说："害人之心不可有，防人之心不可无。"谈生意做买卖，总要牵扯到利益问题，难保他人不会在暗处占你便宜，或是因为疏漏细节而造成误会。这种时候，白纸黑字的合约书就是一种保护，足以捍卫你的权益，同时也是在保障对方的利益。

在谈判的最后关头，当谈判双方终于达成一致时，你除了感觉身心舒畅、大功告成之外，当对方拿来协议要你签字时，大笔一挥的神气劲，更是让你倍觉潇洒与爽快。可是，在接下来执行协议的过程中，你可能会发现好多问题并没有写进去，而且执行中出现的种种麻烦事，也会让你分不清到底是谁的责任。所以，当胜利在望，谈判进入收官阶段，一定要放慢走出谈判室大门的脚步，坚持自己拟定谈判的协议或是合约，才能赢到最后。

华北某县城的民营小厂研发出一种新型的铸铁技术，并投入生产，行业内的一家大企业听说后前来参观。当同行们看过民营小厂的新技术之后，马上表示非常感兴趣，希望能与该民营小厂合作，共同发展。

当时，这个民营小厂正面临着资金周转困难，自然是求之不得，别人也朝他们投来美慕的目光，"梧桐树招来金凤凰"了啊。于是，当双方在县城最好的饭店摆了一桌后，就正式开谈了。

谈判中，由于民营小厂厂长没什么经验，对于对方的种种要求可以说是满口应允，没多久，小厂就与大企业签订了合作协议。

但是事后，就在这位小厂厂长执行合同的过程中，却逐渐发觉合同中的许多条款对自己这方的发展是极为不利的，比如，合同中有这么一项规定：产品需由对方负责销售，却没有明确界定产品的成交价格和定价方。如此一来，民营小厂不得不把运费都得白白地搭进去。这还不是最糟的，就在双方刚合作一段时间后，大企业竟然宣布：由于销路不好，货款要不来，它赔进去的成本需要两家分担。这一结局让民营小厂叫苦不迭，当初签合约的时候，协议上明明写的是利润四六分，并未写任何责任赔偿事宜。

很显然，在这场谈判中，原以为捡了香饽饽的民营小厂，最后不过是在为对方做嫁衣裳。民营小厂的负责人在谈判签约的时候，由于心情激动，抱着一种"受人恩泽"的感觉，再加上自身缺乏合同知识和对合同深刻细致的理解，在对合同条款还没有弄清吃透的情况下，便草草与人签订合同，等发现合同不公平，甚至上当受骗时，为时已晚。

所以，为了使自己的利益得到充分的保证，一定要争取亲自拟定合约。要知道，合约是记录谈判成功的标志，是检验谈判结果及监督执行情况的重要依据。

那么，在条件允许的情况下，自己拟定合约书到底有哪些好处呢？

一、能够清楚地表达自己的观点和意见

虽说在商务谈判中，一般不会出现因合约不详而导致谈判破裂的情况，但是由于双方所处立场的不同，关注利益点的不同，

对问题理解角度的不同，双方写出的合约往往会有一定差别。所以，亲自拟定合约自然能够清楚地表达自己的观点和意见。

二、可以选择对自己有利的内容

谈判时，无论双方多么详细沟通，也可能会遗漏一些细节。如果你是合约起草人，当然会把那些遗漏掉的、对自己一方有利的内容补充进来，而不过多考虑对对方有利的内容。其实，这并非是存心为之，对方没有特别强调，你也自然会认为没有考虑的必要。

三、这么做还能在时间上占有主动性

一旦你抢占了先机，占据了主动，就可以决定什么时候写，用什么方式写，以及什么时候递送给对方。要知道，人性是怕麻烦的，如果眼前摆着一个现成的提案，而它又不至于太过分，并且关系到的项目非常无关痛痒的话，多数人都会倾向于说："好，你说了算吧。"这种时候，多数人会认为，与其和对方坐下来针对某些细节逐一讨论，倒不如选择现有的。换句话说，通过草拟契约，你也能主导很多细节流程的走向。

那么，又该怎样写好合约呢？下面三个要领就值得注意。

一、在谈判中做好记录

在谈判开局和中局，也许还没有涉及谁起草合约的事情。但是，即便如此，你也要在谈判过程中做好记录，并在关键地方做好标记。如果你拥有起草合约的权利，要记得把对方答应的内容写进去，同时也不能遗漏对对方的承诺，避免产生不必要的误会。

二、每次都要仔细审读合约

"差之毫厘"很可能就会"谬以千里"。为此，从合约的起草到完稿，每次都要反复地仔细修改。不仅要审读修改部分，而且还要审读全文，并且把原文件和修改后的文件对比着看，检查是否有遗漏之处。

三、请旁观者审读指正

俗话说："旁观者清。"很多时候，自己认为已经说清楚的事情别人未必能懂。所以，当你把合约交给对方之前，最好让自己一方的其他成员浏览一遍，若有不适之处，及时补充改正。

在商务谈判中，千万不要贸然签约，否则跌进陷阱里的人很可能就是你。合约是具备法律效力的文件，如果你觉得有模糊不清，或是无法认同的条款，一定要与对方沟通商议，并重新清楚地注明在合约之内。

婚姻中的高情商，
为两个人的世界增添更多的情趣

高情商的女人，只用语言就能俘获男人的心

高情商的女人明白，在婚姻中，温柔的女人才最能俘获男人的心，因为温柔似水，能以柔克刚。如果你认为自己没有聪明的头脑、广博的才学、美丽的容貌、魔鬼的身材，不要独自悲伤，因为至少你还拥有女人特有的温柔。当你用温柔的语调与他交流，用温顺的眼神向他示意，我想世界上没有任何一个男人可以抵抗温柔带来的力量。这种柔情能够渗透到男人的每一根血管，让他情绪舒畅，倍感温暖。

每个女人都希望把老公的心牢牢地抓在自己的手里，然而想做到这一点，光靠蛮力是不行的，这是对女人情商的一种考验。要知道，男人一般是不"谈心"的，想要让男人对你没有任何秘密可言，其困难程度不亚于让一个女人心甘情愿地宽衣解带。俗话说得好："女人需要男人疼，男人需要女人的理解！"作为女人，要想真正了解自己的男人，首先就要学会温柔。

婚姻中的沟通是要讲求策略的，爱情也有三十六计，温柔的语调就是其中一计，不管你在经历怎样的情感生活，温柔永远都是女人的武器。在这个充满悬念的婚姻战场上，想占上风也不是那么容易的，所以还是先给他放一个温柔的炮弹，把这个属于自己的男人炸得晕头转向，再配上一把温柔的利剑，让他彻彻底底拜倒在你的石榴裙下。只有这样你脚下的这双婚姻鞋，才会合你

的尺寸，越穿越舒服。

　　王慧和李飞结婚不到半年，却天天为了周末在哪度过而吵架。"凭什么啊，凭什么又要到你家去吃饭啊，各吃各的有什么不可以？"王慧一脸委屈地向老公发问道。"就因为咱俩老不回家吃饭，我妈刚才在电话里把我骂了个半死。不过说句实话，我妈也不是傻瓜，咱俩老这么躲着她，她一定会看出来的。"李飞惨兮兮地对王慧哀求道。"看出来也没啥！"王慧开始泛起小嘀咕来。"我们老到你家那边吃饭，我家那边肯定会有意见的，上周不是刚刚去过你家了吗？一个多星期没见，我妈肯定想我了。好老婆，今晚就到我家去吃饭吧，咱们明天再去陪你爸妈行吗？我今天晚上要是不回家吃饭，我就死定了。"李飞苦苦地哀求着。"不行！要回你自己回吧！我得回去陪我妈！说真的，我一见你妈就犯怵，那么多要求我可受不了，真让人害怕。""怕什么啊，有我呢，她又不会吃了你，最多训你几句而已。你就应该多向我学习学习，脸皮厚一些就没事了，我妈怎么骂，我一耳朵听一耳朵冒，要不然早被气死了。"李飞用恳切的目光央求着王慧。

　　"哎呀，算了，听你的，回家吧，臭老公，怎么这么烦人啊。"见老公如此为难，王慧实在是不忍心了，只得用娇滴滴的声音温柔地答应了。"啊，老婆大人，你实在是太好了，太通情达理了，爱死你了，明天就是再忙我也一定跟你一块回你家吃饭。"李飞激动地称赞着自己的老婆。"你才知道我好啊？娶了我你就是中大奖了，是你几辈子修来的福气。""那是当然了，你是我这辈子最大的幸福。""不行，你今天欺负我了，作为偿还，你必须亲亲我、抱抱我才行呢！"话说到这里，王慧开始跟老公撒起娇来，这招用在李飞身上的确很受用，他赶快把小娇妻抱在怀里，亲吻着她的脸颊，抚摸着她的头发。

第二天一大早，王慧和李飞两口子就去了娘家，李飞因为妻子温柔贤惠识大体，买了很多礼物给老丈人，结果可以说是皆大欢喜。后来李飞也常常在外人前夸奖自己的老婆善解人意，自己能找到这样的老婆真是太幸福了。

女人特有的武器就是温柔，哪个男人不害怕这样的"武器"呢？但也有很多女人忘记了温柔，她们虽然每天把家里的任务做得面面俱到，但却因为情绪不好，吆喝孩子和指责老公，这样的女人就不温柔。于是老公的心转移了，她又会拿自己的付出来说事。然而她没有意识到，这样的结果完全是由自己亲手造成的，身为女人，不单单要勤劳持家，还要学会和丈夫互相取悦，保姆、管家婆不是男人真正需要的，男人需要的是一个温柔、善解人意的老婆。

有的时候婚姻就如一杯白开水，你放糖进去它就是甜的，你放醋进去它就是酸的，你放苦丁进去它就是苦的。得到幸福有的时候并不是那么困难的一件事情，关键就在于你怎么去经营自己的婚姻，调解你与老公之间的关系。出现矛盾也好，有了冲突也罢，只要你善于应用自己的温柔，就没有什么问题会成为真正的问题。夫妻是婚姻的主角，世界上很少有男人喜欢和一个讲话粗野、行为泼辣的女人长久地生活在一起。尽管抱得美人归是每个男人心中的梦想，然而并不是所有人都能如愿。作为一个女人，你可以没有倾国倾城的容貌，但你绝对不能失去面对男人时的体贴入微。有的时候，温柔的语调就是一根无形的绳索，它可以帮助女人牢牢地拴住男人的心。男人最讨厌的就是一哭、二闹、三上吊的老把戏，真正的好女人，更懂得如何经营自己的爱情，让我们用温声细语代替河东狮吼，用温柔的安慰代替满肚的埋怨。当你把最美妙的声音、细致的言语给予老公的时候，自己也收获了温暖和幸福。

有时候，婚姻就是这样的，用温柔去赢得男人的心吧！只要你真的用心去做了，就一定能得到回报。当你用温柔把男人的"面子""里子"都给足的时候，他也就乖乖成了你感情的"俘虏"，沉醉地靠在你身边，久久不愿离去。

男人就是"老小孩"，需"哄"而不需要"宠"

在人们眼中，男人是坚强的代表，但是有时候他们仍然有着孩童一样的脾气，情绪极其不稳定。对于这些已经成熟，但情绪又不稳定的男人，作为女人应该如何对待呢？其实，再成熟的男人也有其幼稚的一面，他们希望得到别人的重视，渴望受到妻子的宠爱和尊重。这时候你一定会说，过分的放纵一定会把他们宠坏的，男人一旦被宠坏，后面的工作可就难做了。不用担心，男人是要"哄"的，而不是要"宠"的，尽管只变了一个字，意思却差之千里。哄可以满足男人获得尊重的欲望，调理好他的情绪，可以帮助妻子成为他最贴心的人，当然最重要的是他永远不会成为一个被宠坏了的孩子，而是你身边最听话、最爱你的老公。

男人很坚强，但是，他们也有自己的脾气，有时候他们就像一个孩子，希望引起别人的关注。当他觉得自己受到冷落的时候，总是会生出一些事端来引起别人的注意。有时候他们外表看上去风平浪静，但是，内心的情绪却是波澜壮阔。尽管他们有很强的抗压性，经常摆出一副大男子主义的架子，但是，内心却渴望得到女人的关心和温暖。他渴望自己的女人能够把自己视为偶像，永远觉得他高高在上，并且仰视着、照顾着他。其实，作为一个男人，常常在各种矛盾的缝隙中生存着，他们经常徘徊在希望与失望、欢乐与悲伤之间，明明内心很希望得到别人的温暖和尊重，却总是死要面子活受罪。也许这是他们从幼年养成的习惯，尽管年龄一天比一天大了，却没有一点儿进步，他们就像一个"老小孩"，想要让他们高兴起来，女人一定要讲究策略，既可以让他们生活得高兴，又不能让他们得意地把尾巴翘上天。

这时候有些女人一定要挠头了，会说："我们是女人，怎么会了解男人到底在想什么呢？他们这些说风就是雨的家伙，说深了不是，说浅了他们又把你的话当耳旁风。真不知道他们脑子里在想什么。"其实，想和这些"老小孩"相处愉快也没有那么困难，只要你记住一句话就完全可以搞定了，那就是："男人要哄不要宠。"

要知道，男人都是渴望被肯定的动物，只要你掌握好"哄"的分寸，适当的鼓励，适当的夸奖，他们就会很顺从你的意见，屁颠屁颠地去做你想要他们去做的任何事了。可现在有很多女人却偏偏掌握不了这门武功。一些女人总是在自己的爱人面前彰显自己全能的本领，洗衣、做饭、工作、带孩子样样不用他操心，慢慢这一切都形成了习惯，男人被这种优越感宠上了天，认为一切本应如此，接受起来也越发心安理得。直到有一天，女人被累得心力交瘁，满肚委屈，他们还浑然不知，更有甚者还会上来说两句风凉话，让你心里又痛又气。可是你想过没有，这又能怪谁呢？要不是当初你把他宠上了天，也不会落到这步田地。

惠茹和任静是大学里的同学，关系又分外的好，毕业以后也恰好应聘到了同一家集团公司，在事业方面两人可以说是不分上下，可当她们进入婚姻以后，却过上了截然不同的日子。

惠茹是一个好强的女人，结婚以后，真可以算是家里家外一把好手，一点儿都不用老公费心，不但事业蒸蒸日上，回到家还做得一手好菜好饭。每天没等老公回家，饭菜就做好了，家里的卫生也被她打扫得一尘不染。除了这些优点以外，她对孩子的教育也很重视，只要一有时间就亲自辅导儿子功课，儿子的成绩在她的辅导下也是名列前茅。然而就是这样一个看上去接近完美的人，却还不能让老公满意，他经常抱怨惠茹唠唠叨叨，实在烦人，还说她总是把注意力集中在孩子身上，一点儿都不照顾他的感受。更过分的是，只要地上有一点儿脏东西，老公就会皱起眉头说："你今天没擦地啊，怎么这么脏啊？"听了老公在人前对自己的评价，惠茹既委屈又生气，明明自己已经很努力了，每天勤勤恳恳，什么都不想让老公多费心，却把老公宠成了这样，仿佛自己所做的一切都是理所应当的。于是经过长时间思考，她决定和老公解除婚姻关系，理由就是：生活已经没有幸福可言，老公过于挑剔，她永远达不到他的那些要求。

相反任静就要比惠茹聪明得多，在家庭生活上她可以说是一帆风顺，每天回家以后，老公就会把可口的饭菜端上桌，还高高兴兴地协助她一起做家务、照顾孩子。这让惠茹很是不解，于是就向任静取经。听了惠茹的抱怨，任静笑笑说："你啊，就是把你老公宠坏了，男人可千万不能宠，而是要哄的。"原来，一开始任静的老公也是不爱做饭的，偶然做了一次，任静就装出吃得津津有味的样子说："哇，老公，你不经常做饭，想不到你厨艺如此精湛，如果以后能天天吃到你做的饭那就太有福气了。"任静这么一说可把老公哄高兴了，结果每天任静回家，都能吃到老公为她精心烹制的美味佳肴。这时候任静又开始撒娇道："老公啊，咱们结婚那么长时间了，每天咱俩就知道在外面忙来忙去的，咱们家越来越脏了，我知道你肯定舍不得我一个人打扫，你是最爱我的，是不是啊？你是我最好的老公了！"听了妻子半带撒娇的话，这个男人有了种保护自己女人的欲望，于是两个人一起劳动起来。尽管任静的老公没有惠茹老公在家里那么轻松，却总在人前夸耀自己的老婆温柔贤惠。

两个女人，在婚姻面前却拥有着截然相反的命运：一个情商低，费力不讨好，把老公伺候得舒舒服服却委屈了自己；一个情商高，没有费多大力气，却把老公管教得温顺又听话，更加疼爱自己。你也许在感叹惠茹的不值，你也许会羡慕任静的智慧。总而言之，这个故事让我们深深领悟到了"哄"与"宠"的区别，虽然仅仅一字之差，在男人身上的效果却是天壤之别。我们经常觉得命运不公，为什么别人那么幸福，而自己的婚姻却这样乏味艰辛。但我们总是忘记，有些时候是我们自己在生活中埋下了错误的种子。幸福是需要用心去经营的，女人在丈夫面前要有自己的原则，不要自己承担所有，毕竟你们两个是一家人，应该同甘共苦。只有真正懂得生活的人，才能把自己的日子过得更稳固、更完美。

一个温馨的家庭，需要幽默增进情感

在任何时候，幽默都是一种才华，一种智慧，一种力量，更是烦闷生活的调剂品。而对于每一个温馨家庭来说，也是必不可少的和谐剂，因为它以愉悦的方式表达了真诚大方，使本来安静的生活充满了激情，使本来平淡的日子焕发出不一样的光彩。老舍先生也忍不住赞赏："幽默者的心是热的。"在彼此组成的家庭里面，有的人发现相爱容易相处却很难，日常生活中常常因为一点儿小事就批评责备对方。此时，如果能以幽默诙谐的语言来代替责备，那么不仅可以准确地传达你所想表达的意思，还更容易让对方在愉快中接受你的建议。有人抱怨家里整日战火不断，但究其原因都是一些鸡毛蒜皮的事情，它们就像是导火线，一旦被触发就会引来一系列的冲突和矛盾，也破坏了原本深厚的夫妻感情。

因此，那些富有幽默感的人家庭就显得格外和睦，幽默在无形中增进了你与家人的关系，改变你自己，帮助你战胜来自人生的种种压力，还可以使对方更加喜欢你，信任你。幽默，让家里变得更加和谐温馨，在愉悦的家庭氛围中，彼此更容易发现幸福生活的美好，也更容易获得家庭的幸福。因此，在家庭生活中，舍弃那些冷冰冰的语言，以幽默来取而代之，你就会发现幸福是一件多么容易的事情。

莎士比亚说："幽默和风趣是智慧的闪现。"生活如果离开了幽默，就会少很多的欢乐。在餐桌上，每一道菜肴都需要"调味品"才会显得更美味，这就如同每一个家庭都需要幽默这样的和谐剂才会更加温馨快乐。对于每一对夫妻来说，幽默是一个不可缺少的重要内容。实际上，幽默可被称之为表现两个人之间和睦的工具，那本难念的经也会变成美妙的和谐曲。

有一对夫妻，他们喜欢用幽默来代替一切责备或者争吵。刚结婚的时候，两人因为琐事而争吵了起来，太太忍不住叫了起来："我要跟你吹。我要去收拾东西，离开这里，去母亲那里。""很好，亲爱的，车费在这里。"先生拿来车费，太太接过钱，突然说："我回来的路费怎么办？"两人"扑哧"一笑，化解了争执。

先生每天出门工作之前都有喝牛奶的习惯。有一次，太太因为忙于工作，连续三天早上都忘记了给先生出门前准备一杯牛奶。先生也不作声，也不责备，照样还是认真地出去工作，一直到第四天早上，她才想起来，愧疚地向先生道歉，先生也幽默地说："我想忘记一天也是情有可原的，连着三天都忘记，我以为你要给我'断奶'呢。"妻子听后哈哈大笑，矛盾就解决了。

幽默是家庭生活的和谐剂，它轻松地驱散了天空中的阴霾，给紧张的家庭生活带来温馨。当生活中多了一些幽默感，我们就会在愉悦的家庭气氛中忘记生活的紧张和压力，忽略之前所存在的种种争执。幽默是人生的润滑剂，两个人在日常生活中若是恰到好处地使用幽默这一法宝，不仅可以活跃家庭气氛，增加生活乐趣，还可以拉近彼此之间的感情距离，促进家庭和谐。所以，舍弃那些直接的批评、冷淡的语言，选择使用幽默的语言，用幽默的力量来驱散烦恼，给家庭带来温馨与幸福。

在日常生活里，男人大多喜欢看体育节目，可女人不喜欢，如何让妻子陪自己看足球呢？下面我们就看看这位先生是怎样利用足球来制造幽默的。

有一对年轻的夫妇，丈夫爱看球赛，妻子喜欢看电视连续剧，可是家里只有一台电视，所以要达成共识并不容易，多数情况都是丈夫主动做出让步。

不过，这位丈夫还挺有心智，平常一有机会，他就向妻子宣传体育知识，聊聊球赛趣闻。久而久之，妻子的兴趣也就被他调动起来了，偶尔也跟他一起观看体育比赛，那真是夫唱妇随了。

又到了四年一届的世界杯足球赛，妻子整个人都被精彩的比赛吸引了，这时，丈夫才煞有介事地对妻子说："看你现在的高兴劲，我想起了一句老话。"

"什么话？"

"知足常乐！"

"为什么会想起这句话呢？"

"知足常乐嘛，就是知道足球以后，就会常常乐了呗！"

丈夫的调侃多么富有情趣啊，这样的生活才称得上琴瑟和谐，才是永葆新鲜感的相处之道。当然，夫妻间的幽默随处可拾，生活中的很多事物都可以为两人增添情致。

千万不要因生活中的琐事而烦恼，也不要抱怨婚姻生活因充满了"柴米油盐"之类的事情而不再浪漫鲜活。生活处处都是幽默，关键是你拥有一双怎样的眼睛。

小儿子凯文问："爸爸，阿尔卑斯山在哪里？"父亲回答道："去问你妈，她把什么东西都藏起来了。"听着这诙谐的对话，你一定可以想象出家里的欢声笑语。如果家庭成员多了几分幽默感，那么无形之中就多了一些快乐，少了一些烦恼；多了一些轻松，少了一些摩擦。也许，就是那看似逼真的笑容、无奈的耸肩、滑稽的表情、自嘲的话语、讥讽的变调等，它们都作为幽默的一种方式爆发出巨大的力量。那时候，彼此之间再也感觉不到剑拔弩张，再也没有战火，只有温馨、和谐、幸福。因为在很多时候，与直接提出意见相比，幽默更具有亲和力，也更容易让人在愉快中接受。

遇事多商量，独断专行的婚姻绝不会幸福

在家里，很多女人都喜欢大事小事自己做决定，并且始终认为自己的任何决定都是对的，对家庭、对丈夫和孩子都是百利而无一害的。但是你有没有想过，一个完整的家庭不是只有你一个人，还有你的丈夫和孩子，他们也是这个家里的主人，在遇到任何事情的时候，主观意识不要太强，凡事都和家人多商量着去决定，只有大家都同意了，才不会产生矛盾，家庭也会更加和睦。

在雷霆几十年的婚姻生活中，他和妻子从没红过一次脸，感情非常深，因此，他们家还多次被街道、区、市，乃至全国评为模范五好家庭。

雷霆说："在恋爱时我送过她日记本、书之类的东西，结婚后我再也没有送过她任何礼物，妻子并没有因此而埋怨过我，因为她知道，家里不管是大事还是小事，我都会和她商量。家里需要买什么大的东西，当然要商量；逢年过节，走亲访友需要送什么礼物，要商量。如果遇到合身的衣服，并且价格合理，我就买回来；如果妻子认为价格太贵，她就会记住衣服的样式，我们一起去扯一段相同的面料，画好款式图给裁缝，让他依样缝制，几乎是花更少的钱，买到了我们喜欢的衣服。虽然我们的生活听起来很平淡，但我们自己觉得家里充满了温馨，挺美满的。"

商量，体现了你对对方的尊重和信任，可以让对方明白，你们是平等的，都是这个家的主人；商量，还能表达你对对方的欣赏和依赖，让他感觉，你离不开他，让他感觉到自身的价值和在你心目中的重要与珍贵。

凡事多和对方商量，即使想送老公礼物，也要问问他，想要什么，然后一起去挑，一起去买。买完之后，和他静静地坐在公园的一隅；或者找间茶室坐下来，品一杯香茗，回忆一路走来的美好。也许，少了一点意外惊喜，但同样是一种浪漫，一种宁静的浪漫、踏实的浪漫、成熟的浪漫！

刘大爷今年已经 91 岁高龄了，而陈奶奶也已经 80 岁了，他们育有 6 个子女。他们婚姻 60 年的风雨历程，让他们的感情变得更加坚固，不管是做什么，两位老人总是形影不离。"我们在年轻时遭过很多罪，分合多次，现在生活水平提高了，我们年纪也大了，这好时光更要珍惜了。"陈奶奶会心地说道。

两位老人虽然年纪大了，但是身体都还算硬朗，而且性格都很开朗，和四周的邻居，无论年纪大小，都能和睦相处。在家里，老两口明确分工，由于陈奶奶腰腿不好，刘大爷就做扫地、拖地这样的家务，而陈奶奶一手包办了炒菜做饭的家务。有一年，陈奶奶中风了，连床都下不了，子女虽然都来照顾她，但当时年近90 岁的刘大爷才是最辛苦的人，他不但给陈奶奶端茶倒水，还成为她的精神依托。为了让老伴能够重新站起来，刘大爷每天扶着陈奶奶在床边练习走路，一步一步，一天一天，现在陈奶奶已经可以自由地上下楼了。陈奶奶说："如果没有老伴的鼓励和帮助，我身体哪能好这么快。"

他们不仅在生活上相互扶持，而且他们的生活还充满了情趣。每天早上五点半，夫妻两人都早早起床，一起下楼去晨练，锻炼一个多小时后，再一起到市场去买菜。邻居们看到形影不离的老两口，总是交口称赞他们的幸福。而刘大爷和陈奶奶也常向人说，夫妻和睦之道其实也蛮简单，那就是大小事情都要商量。

在日常的生活中，夫妻之间有事情应该共同商量，闲暇的时候多聊天、多沟通，会让彼此感受到对方的存在感，婚姻幸福的秘诀不过如此。如果什么事情都擅自决定，总是会引发各种各样的矛盾。夫妻是婚姻中共同存在的，也是平等的，任何事都商量着去做，不仅会达到事半功倍的效果，而且会在商量的过程中真实体会到彼此存在的重要性，从而使夫妻关系更加紧密，婚姻更加幸福。

两个人的婚姻，最忌讳只强调一个人的付出

经常听到一些久在围城里的女性朋友们抱怨："我就像一只陀螺一样，从早上开始就一直围着他转，围着孩子转，然后就转到单位里，晚上回来还要在一大堆家务里打转，你说，我一天天容易吗？就这样，他还不满意，嫌这嫌那。"

人际交换理论是社会心理学中的一个理论，这种理论认为，人与人之间的关系，是以一种类似于商品交换的规则为纽带的。而我们每个人心中都有一杆秤，衡量着自己的付出和收获。这一原则，同样适用于夫妻关系。人们之所以经常会产生对另一方这样或者那样的抱怨，是因为在他们倾其所有为这个家付出的时候，实际上他们也期待着对方给予自己同等的回报，一旦觉得对方的回报没有达到预期的"量"，他们就会感到失望，抱怨由此产生。而且，不仅是"吃亏"方感觉不好，其实，"占便宜"方感觉也好不到哪去，尤其以那些关系亲密的夫妻为例，总"占便宜"的一方更容易使自己产生压抑和负罪的心理。因为一方付出得太多，另一方似乎就没有了价值，没有了成就感。在所谓的舒适中被动生活，就会产生压抑，因为不会心安理得。婚姻就像一杆秤，付出多少都明明白白地标在了秤杆上……于是，夫妻间的爱就靠着这杆秤的平衡维系着。但是，倘若一方付出少了，一方得到多了，这个时候婚姻也就亮起了红灯。

有句话叫"善良的最高原则是保持受施者的尊严"。这句话

放在婚姻里来说，就是"不要太强调你的付出"。说多了，对方会烦、会有压力、会觉得你是在施舍。你又何必做些出力不讨好的事呢？如果他看到了，你的付出自然会有价值；如果他看不到，你说再多也没用。

晓萍原本是个幸福的女人。大学毕业时如愿嫁给了自己的男朋友，跟他结婚生子，日子平静顺利得让人羡慕。而她，也从来没掩饰过自己的幸福。

可是，这段让人交口称赞的婚姻突然间像失去了藤蔓的牵牛花，在一夜间迅速地垮掉了。听者无不惊奇和感慨。其实，毁掉这段婚姻的不是别人，正是晓萍自己。

丈夫家境贫寒，当初创业时用了晓萍娘家20万。好在丈夫也争气，不出几年，不但挣回了本钱，还把事业发展得很大，生活越发有声有色。而丈夫一直忙于扩张事业，家里的事都落到晓萍头上。晓萍一边照顾孩子，一边忙着自己的工作，还有两边的老人。虽然很累，但是想到丈夫、家、孩子，又觉得非常幸福。但她又要忙工作，又要照顾家，精力明显不够。晓萍跟丈夫商量过后，把工作辞了，做了全职主妇。

开始的时候倒也不错，但慢慢地，晓萍看着光芒尽显的丈夫，心里总会产生一种难言的恐慌。特别是跟他一起参加一些社交活动时，晓萍看到一些年轻漂亮又野性十足的小姑娘，毫不忌惮地表示着对丈夫露骨的兴趣，她心里就像压上了块大石头，沉重得喘不过气来。她们正是大好的年华，而自己却是个终日待在家里看家、照顾孩子、伺候丈夫的黄脸婆。

一害怕，她的行为就有些失常。晓萍开始无端地怀疑丈夫，回家太晚就会神经质地追问他去了哪里。丈夫一有点不耐烦，晓萍就会恶狠狠地甩上一句："你别忘了你的今天是怎么来的！是我们家给了你 20 万！我为了你、为了这个家，辞了职，全心全意地伺候你爹娘、你儿子！做人不能没有良心！"

开始的时候，丈夫总是无言地忍了。看着丈夫那张隐忍的脸，晓萍就觉得特别安全，这个男人欠自己的，所以，他永远都是自己的。

但是，她显然低估了自己这些话的杀伤力。特别是到了最后，她已经形成了习惯，每次吵架总会拿出来说道一番。在一次激烈的争吵之后，丈夫终于咬着牙说出了"离婚"。晓萍气得浑身发抖，忍不住又要拿出这段说词，还没说完，就被丈夫打断了："我知道，我用了你们家 20 万，我欠你的今天再还一次，连利息一块算上。行了吧！"

晓萍试图用不断地提醒丈夫的"起家史"来引发丈夫愧疚心理的做法，从本质上讲是愚蠢的。丈夫先前的容忍，确实有愧疚的因素在内，但长此以往地强调，会让他想起过往的"难堪"。他觉得自己受到了侮辱，进而产生摧毁婚姻的想法，因为这段婚姻在时时提醒着他，他的成功，是源于一个女人无条件的付出和牺牲。这是他的自尊心不允许的。也许，以前这段婚姻并没有带给他这种难堪，但每一个人都是有自尊的，随着晓萍的不断提醒，晓萍丈夫潜意识中不想重视的一些因素就会跳出来折磨他的尊严。很显然，这段婚姻出现问题几乎是必然的。

其实，任何一段婚姻中，都会存在不同程度的付出和牺牲。不论男女，在婚姻面前都是有牺牲的。丈夫为了家庭，放弃了很多和家人欢聚一堂、共享天伦的时间，在外面浮浮沉沉，说不定还要受尽冷眼算计，才能换来一时的成功；而妻子为成全丈夫的事业而牺牲、割舍自己的前途。当你一旦决定走进婚姻，那么，也就意味着，你同时选择了面对这些牺牲，并且在这些牺牲上，保持"缄默"。你可以记得，可以偶尔拿出来叨念一下自己的付出，但切忌不可太过强调。毕竟，当时你是用它来换取你们婚姻的相对平衡的。可是，普天之下，做出牺牲的并不只有你一个，至少还有你的另一半，有一切和你一样待在围城里的男男女女。当你把"付出"当筹码不断地向他"邀功请赏"时，你的付出反而会累坏了婚姻。

智慧的付出、适度的付出是维系幸福和谐的婚姻的重要砝码。如果对方的限度已经承受不起你的付出，最终结果只会让婚姻不堪重负。超额付出很有可能导致两种后果，一是让付出者产生抱怨心理；二是承受者会"不堪重负"。

很多人喜欢将自己的牺牲和付出看作是对对方的一种爱、一种成全。比如说放弃工作、交际圈、时间，都以为这是爱的表现形式。实际上，放弃得越多，越没有安全感，生怕自己的放弃得不到对方的回馈。于是，"我为了你……""你这样的表现真对不起我的放弃和付出"等抱怨的话语就出现了，隐藏在这些抱怨背后的其实就是不安和危机。如果超额付出没有用抱怨的形式表达出来，而是以一种凌驾于对方之上的高姿态来表现，在这种情况下，承受方会有种不自在和憋屈的感觉。

著名心理学家海林格认为，在婚姻生活中，如果付出方一味付出、不懂接受，承受方很快就不想再接受另一方的付出了；如果付出太多，超过了承受方的回报能力，承受方就会产生结束关系的想法。因此，作为夫妻两方，需要对婚姻有个正确的认识，即两个独立的人选择了共同生活的方式。你们可以相互温暖、相互依靠，但是，千万不要太强调你的付出，这样你们都会累。

欣赏对方的优点，赞美让彼此感受到浓浓的爱意

欣赏和赞美是夫妻关系的黏合剂，是栽培好男人的优质土壤。情商高的女人从来都不会吝惜对丈夫的夸奖，男人一分好，她要夸三分，因此，情商高的女人总能得到丈夫满满的爱。所以，每一个家庭，在夫妻的相处之道上，都应该提高自己的情商，把欣赏和赞美的语言常挂在嘴边，这会让对方时刻感受到你的爱。

当他辛苦一天回到家后，真诚地送上一句"你辛苦了"，他会感到无比幸福和温暖；当他端着可口的饭菜送到你面前时，你千万不要忘了说声"谢谢"；当你依偎在他宽阔的肩膀上避风避雨时，当你心中的坚冰被他温暖的目光融化时，你也不要忘了说声"谢谢"。用你的言语绝对能夸出一位好老公，只有不吝惜你的赞美之词，你才能让他感受到你浓浓的爱意，婚姻才会变得更加幸福、美满。

小婷跟林峰结婚两年，有房有车，日子过得还算滋润。突然的婚变让小婷措手不及，可林峰一直坚持。离婚的事在一周内匆匆解决，林峰如此快的办事效率让小婷觉得他在外面有了别的女人。

林峰的同事张鹏，经常带着老婆出去玩。这让小婷非常妒忌。小婷多次跟林峰说起她的感受，他刚结婚时还用"以后多带你出

去玩"搪塞，后来干脆不搭理小婷了。

他的表现，让小婷觉得他婚前说的甜言蜜语都是骗人的。这样的林峰和想象中的完全不一样，小婷觉得没必要过多争取了。所以，尽管自己很难过，依然"爽快"地和林峰离了婚。只是，他的外遇对象是谁？他是不是也对那个女人花言巧语？这个问题一直堵在小婷心里。

三个月后的一天，林峰给她打电话，说有了理想的伴侣，想在结婚前跟她吃顿饭。小婷心里忽然难过起来，却笑着说："'接班人'找得还挺快，要不带上那位，我也欣赏一下？"

那天，小婷特意去了趟美容院，她可不想输给林峰的"理想伴侣"。可林峰是一个人去的，看起来成熟稳重了不少。

林峰说："你比以前更漂亮了。"小婷笑了，心里美美的，也有点苦涩，"以前我要是漂亮，你还能有外遇？"他顿时愣住了，"什么外遇？开玩笑吧，我怎么会有外遇？"小婷说："你要是没外遇，怎么会和我离婚，还骗我？"

林峰苦笑着说："小婷，我没有外遇，从来没有过，你不知道以前我是多么爱你。"

小婷问他："没有外遇你干吗和我离婚？还对别人说受不了我之类的话。是我没别的女人漂亮，还是我挣钱太少？"

林峰喝完了杯中的酒，苦笑道："和你直说吧，我爱你，可是受不了你从来不给我一两句赞美或鼓励的话。我每天那么辛苦地为了这个家，回来后你却总拿我和别人比较，说我不如这个、不如那个，我心里憋屈。"

小婷的泪唰地流了出来，脸上却带着笑，"我说过你没用吗？

244

你为什么不提醒我呢？"林峰说："我提醒过你，可你一直那样。"

这竟然是离婚的真相。

当爱情走向婚姻，生活也许会趋于平淡，没有了热恋时的如胶似漆，没有了花前月下的浪漫。但一句赞美，一个拥抱，一杯消除疲劳的茶水，对婚姻来说都是一种对爱的表达，这对爱情来说更是一种延续。

婚后生活，男人、女人都需要赞美。伴侣的赞美会让对方心生温暖，因为最重要的人就是伴侣了，所以，女人千万不要把你的赞美之词"藏"起来。你想让你的丈夫给你做可口的饭菜，你就要用厨艺高超的话来夸奖他；你希望你的男人能帮你多分担一些家务，你就要夸他勤快能干。

女人要在生活的点滴中发现丈夫的优点，当赞美变成了一种习惯，你就会发现你们的生活到处充满阳光。

教育孩子，笑话比道理更有效果

在家庭教育中，什么样的方法是最有效的呢？当然是最适合孩子的教育方式，孩子天性喜欢玩耍，他们喜欢轻松、娱乐的教育方式，如果父母的教育既是快乐的，又是启发自己的，那他们是乐于接受的。当然，他们最讨厌的就是枯燥的说教，这只会令他们心生反感。因此，作为一个高情商的家长，要懂得以幽默的语言教育孩子，以娱乐教学为主，这样不管是对于营造家庭氛围，还是对孩子的教育本身都是最好的方式。

米哈伊尔的小儿子舒拉很调皮。一次，为了吸引家人对他的关注，他居然一口气喝了半瓶墨水。这时家里人都急坏了，墨水进了肚子，那可怎么办？米哈伊尔的母亲赶忙给医院打求救电话。

这时，米哈伊尔从外面回来了，当看到这种状况时，他并没有慌张，而是平静地问儿子："你真的喝了墨水？"舒拉一脸得意地把带墨水的舌头伸出来，还做了个鬼脸。米哈伊尔转身去屋里拿出一沓吸墨纸来，对儿子说："这是吸墨纸，不让墨水留在肚子里，你把它们嚼碎了吃下去吧。"一下子，舒拉就成了霜打的茄子——蔫了，再也得意不起来了。

于是，一场虚惊就这样在家人的嬉笑声中结束了。从那以后，舒拉再也没有做过这类强出风头的傻事。

米哈伊尔心里很清楚，墨水不至于让舒拉中毒，所以他正好通过这次机会好好地教育一下儿子。米哈伊尔的幽默教育不仅让儿子认识到了自己的错误，而且还让他长了记性，从此再也不敢做类似的傻事了，实在高明。

遇到像舒拉这样调皮的孩子，家长们总是倍感头疼，而且经常对家里的调皮鬼无可奈何。在这种情况下，假如我们能利用合适的时机逗他一下，可能会在教育上收到事半功倍的效果。牛牛就是这样学乖的。

牛牛今年刚上幼儿园中班。这一天，妈妈送他到教室门口时，牛牛使劲抓住门框，不管怎样就是不肯进去。这时，他的班主任胡老师走过来，笑着对他说："我就知道牛牛最喜欢咱们这教室门框了！摸久了门框会害羞呢，快进来吧。"

听了老师的这一句话，牛牛高兴了，笑嘻嘻地走到了自己的座位上。

胡老师的幽默话语不仅把想撒娇而又未能撒娇的牛牛给逗乐了，而且还让他乖乖地走进教室去学习。胡老师这种幽默的教育方式是值得我们每个家长学习的。

父母对孩子既不能过于溺爱，又不能过于强硬。在教育孩子的过程中，家长应多使用一些幽默的方式，因为这样不仅可以让孩子在愉快中学到东西，而且还能让孩子养成活泼开朗的性格，给家庭生活增添更多的乐趣。

梁启超是近代史上的一位巨人，他的聪慧早在幼年时期就已表现出来，而这正是得益于父亲对他的正确教育。

　　梁启超 10 岁时，一天，他随父亲到朋友家去做客。刚进院里，他就偷偷将一枝蓓蕾初绽的杏枝折下，掩在宽大的袍袖里。没想到他的这一举动正巧被父亲和朋友的家人看见。父亲虽平时教子甚严，此时却不便当面指责。之后，酒筵上父亲总为儿子的这件事惴惴不安，并不动声色地暗示儿子。梁父当众说："开宴之前，我先出对联，若谁能对出下联方可举杯畅饮，要不就只能为长辈斟酒沏茶，不准落座。"梁父略加思索后，做出上联："袖里笼花，小子暗藏春色。"顿时，梁启超心中一惊，有所领悟，但他也并未失色，随口就对出下联："堂前悬镜，大人明察秋毫。"

　　父亲面对儿子的不雅之举，不是当面点破，而是采取了文雅、含蓄的方式来对其表示批评。此举可说是一箭三雕：既暗示出批评，又不让孩子当众出丑，同时还显示了严格的家教。
　　当然，我们不能要求每位父母都像梁父一样"饱读诗书"，但有一点不难做到：用幽默的态度、方式对待孩子，并帮助他们克服自身的缺点，使错误得以改正。